छाया (कहानी संग्रह)
और
ध्रुवस्वामिनी

LECTOR HOUSE PUBLIC DOMAIN WORKS

छाया (कहानी संग्रह)
और
ध्रुवस्वामिनी

जयशंकर प्रसाद

ISBN: 978-93-90112-18-0

Published: -

LECTOR HOUSE LLP
E-MAIL: lectorpublishing@gmail.com

छाया (कहानी संग्रह)
और
ध्रुवस्वामिनी

जयशंकर प्रसाद

अनुक्रम

पृष्ठ

छाया
(कहानी संग्रह)

ध्रुवस्वामिनी

छाया
(कहानी संग्रह)

तानसेन

१

यह छोटा सा परिवार भी क्या ही सुन्दर है, सुहावने आम और जामुन के वृक्ष चारों ओर से इसे घेरे हुए हैं। दूर से देखने में यहाँ केवल एक बड़ा-सा वृक्षों का झुरमुट दिखाई देता है, पर इसका स्वच्छ जल अपने सौन्दर्य को ऊँचे ढूहों में छिपाये हुए है। कठोर-हृदया धरणी के वक्षस्थल में यह छोटा-सा करुणा कुण्ड, बड़ी सावधानी से, प्रकृति ने छिपा रक्खा है।

सन्ध्या हो चली है। विहँग-कुल कोमल कल-रव करते हुए अपने-अपने नीड़ की ओर लौटने लगे हैं। अन्धकार अपना आगमन सूचित कराता हुआ वृक्षों के ऊँचे टहनियों के कोमल किसलयों को धुँधले रंग का बना रहा है। पर सूर्य की अन्तिम किरणें अभी अपना स्थान नहीं छोड़ना चाहती हैं। वे हवा के झोकों से हटाई जाने पर भी अन्धकार के अधिकार का विरोध करती हुई सूर्यदेव की उँगलियों की तरह हिल रही हैं।

सन्ध्या हो गई। कोकिल बोल उठा। एक सुन्दर कोमल कण्ठ से निकली हुई रसीली तान ने उसे भी चुप कर दिया। मनोहर-स्वर-लहरी उस सरोवर-तीर से उठकर तट के सब वृक्षों को गुंजरित करने लगी। मधुर-मलयानिल-ताड़ित जल-लहरी उस स्वर के ताल पर नाचने लगी। हर-एक पत्ता ताल देने लगा। अद्भुत आनन्द का समावेश था। शान्ति का नैसर्गिक राज्य उस छोटी रमणीय भूमि में मानों जमकर बैठ गया था।

यह आनन्द-कानन अपना मनोहर स्वरूप एक पथिक से छिपा न सका, क्योंकि वह प्यासा था। जल की उसे आवश्यकता थी। उसका घोड़ा, जो बड़ी शीघ्रता से आ रहा था, रुका, और वह उतर पड़ा। पथिक बड़े वेग से अश्व से उतरा, पर वह भी स्तब्ध खड़ा हो गया; क्योंकि उसको भी उसी स्वर-लहरी ने मन्त्रमुग्ध फणी की तरह बना दिया। मृगया-शील पथिक क्लान्त था-वृक्ष के सहारे खड़ा हो गया। थोड़ी देर तक वह अपने को भूल गया। जब स्वर-लहरी ठहरी, तब उसकी निद्रा भी टूटी। युवक सारे श्रम को भूल गया, उसके अंग में एक अद्भुत स्फूर्ति मालूम हुई। वह, जहाँ से स्वर सुनाई पड़ता था, उसी ओर चला। जाकर देखा, एक युवक खड़ा होकर उस अन्धकार-रंजित जल की ओर देख रहा है।

पथिक ने उत्साह के साथ जाकर उस युवक के कंधे को पकड़ कर हिलाया। युवक का ध्यान टूटा। उसने पलटकर देखा।

२

पथिक का वीर-वेश भी सुन्दर था। उसकी खड़ी मूँछें उसके स्वाभाविक गर्व को तनकर जता रही थीं। युवक को उसके इस असभ्य बर्ताव पर क्रोध तो आया, पर कुछ सोचकर वह चुप हो रहा। और, इधर पथिक ने सरल स्वर से एक छोटा-सा प्रश्न कर दिया-क्यों भई, तुम्हारा नाम क्या है?

युवक ने उत्तर दिया-रामप्रसाद।

पथिक-यहाँ कहाँ रहते हो? अगर बाहर के रहने वाले हो, तो चलो, हमारे घर पर आज ठहरो।

युवक कुछ न बोला, किन्तु उसने एक स्वीकार-सूचक इंगित किया। पथिक और युवक, दोनों, अश्व के समीप आये। पथिक ने उसकी लगाम हाथ में ले ली। दोनों पैदल ही सड़क की ओर बढ़े।

दोनों एक विशाल दुर्ग के फाटक पर पहुँचे और उसमें प्रवेश किया। द्वार के रक्षकों ने उठकर आदर के साथ उस पथिक को अभिवादन किया। एक ने बढ़कर घोड़ा थाम लिया। अब दोनों ने बड़े दालानों और अमराइयों को पार करके एक छोटे से पाईं बाग में प्रवेश किया।

रामप्रसाद चकित था, उसे यह नहीं ज्ञात होता था कि वह किसके संग कहाँ जा रहा है। हाँ, यह उसे अवश्य प्रतीत हो गया कि यह पथिक इस दुर्ग का कोई प्रधान पुरुष है।

पाईं बाग में बीचोबीच एक चबूतरा था, जो संगमरमर का बना था। छोटी-छोटी सीढ़ियाँ चढ़कर दोनों उस पर पहुँचे। थोड़ी देर में एक दासी पानदान और दूसरी वारुणी की बोतल लिये हुए आ पहुँची।

पथिक, जिसे अब हम पथिक न कहेंगे, ग्वालियर-दुर्ग का किलेदार था, मुगल सम्राट अकबर के सरदारों में से था। बिछे हुए पारसी कालीन पर मसनद के सहारे वह बैठ गया। दोनों दासियाँ फिर एक हुक्का ले आईं और उसे रखकर मसनद के पीछे खड़ी होकर चँवर करने लगीं। एक ने रामप्रसाद की ओर बहुत बचाकर देखा।

युवक सरदार ने थोड़ी-सी वारुणी ली। दो-चार गिलौरी पान की खाकर फिर वह हुक्का खींचने लगा। रामप्रसाद क्या करे; बैठे-बैठे सरदार का मुँह देख रहा था। सरदार के ईरानी चेहरे पर वारुणी ने वार्निश का काम किया। उसका चेहरा चमक उठा। उत्साह से भरकर उसने कहा-रामप्रसाद, कुछ-कुछ गाओ। यह उस दासी की ओर देख रहा था।

३

रामप्रसाद, सरदार के साथ बहुत मिल गया। उसे अब कहीं भी रोक-टोक नहीं है। उसी पाईं-बाग में उसके रहने की जगह है। अपनी खिचड़ी आँच पर चढ़ाकर प्राय: चबूतरे पर आकर गुनगुनाया करता। ऐसा करने की उसे मनाही नहीं थी। सरदार भी कभी-कभी खड़े होकर बड़े प्रेम से उसे सुनते थे। किन्तु उस गुनगुनाहट ने एक बड़ा बेढब कार्य किया। वह यह कि सरदार-महल की एक नवीना दासी, उस गुनगुनाहट की धुन में, कभी-कभी पान में चूना रखना भूल जाया करती थी, और कभी-कभी मालकिन के 'किताब' माँगने पर 'आफ़ताबा' ले जाकर बड़ी लज्जित होती थी। पर तो भी बरामदे में से उसे एक बार उस चबूतरे की ओर देखना ही पड़ता था।

रामप्रसाद को कुछ नहीं-वह जंगली जीव था। उसे इस छोटे-से उद्यान में रहना पसन्द नहीं था, पर क्या करे। उसने भी एक कौतुक सोच रखा था। जब उसके स्वर में मुग्ध होकर कोई अपने कार्य में च्युत हो जाता, तब उसे बड़ा आनन्द मिलता।

सरदार अपने कार्य में व्यस्त रहते थे। उन्हें सन्ध्या को चबूतरे पर बैठकर रामप्रसाद के दो-एक गाने सुनने का नशा हो गया था। जिस दिन गाना नहीं सुनते, उस दिन उनको वारुणी में नशा कम हो जाता-उनकी विचित्र दशा हो जाती थी। रामप्रसाद ने एक दिन अपने पूर्व-परिचित सरोवर पर जाने के लिए छुट्टी माँगी; मिल भी गई।

सन्ध्या को सरदार चबूतरे पर नहीं बैठे, महल में चले गये। उनकी स्त्री ने कहा-आज आप उदास क्यों हैं?

सरदार-रामप्रसाद के गाने में मुझे बड़ा ही सुख मिलता है।

सरदार-पत्नी-क्या आपका रामप्रसाद इतना अच्छा गाता है जो उसके बिना आपको चैन नहीं?

मेरी समझ में मेरी बाँदी उससे अच्छा गा सकती है।

सरदार-(हँसकर) भला! उसका नाम क्या है?

सरदार-पत्नी-वही, सौसन-जिसे में देहली से खरीदकर ले आई हूँ।

सरदार-क्या खूब! अजी, उसको तो मैं रोज देखता हूँ। वह गाना जानती होती, तो क्या मैं आज तक न सुन सकता।

सरदार-पत्नी-तो इसमें बहस की कोई जरूरत नहीं है। कल उसका और रामप्रसाद का सामना कराया जावे।

सरदार-क्या हर्ज।

४

आज उस छोटे-से उद्यान में अच्छी सज-धज है। साज लेकर दासियाँ बजा रही हैं। 'सौसन' संकुचित होकर रामप्रसाद के सामने बैठी है। सरदार ने उसे गाने की आज्ञा दी। उसने गाना आरम्भ किया-

> कहो री, जो कहिबे की होई।
> बिरह बिथा अन्तर की वेदन सो जाने जेहि होई।।
> ऐसे कठिन भये पिय प्यारे काहि सुनावों रोई।
> 'सूरदास' सुखमूरि मनोहर लै जुग्यो मन गोई।।

कमनीय कामिनी-कण्ठ की प्रत्येक तान में ऐसी सुन्दरता थी कि सुननेवाले बजानेवाले-सब चित्र लिखे-से हो गये। रामप्रसाद की विचित्र दशा थी, क्योंकि सौसन के स्वाभाविक भाव, जो उसकी ओर देखकर होते थे-उसे मुग्ध किये हुए थे।

रामप्रसाद गायक था, किन्तु रमणी-सुलभ भ्रू-भाव उसे नहीं आते थे। उसकी अन्तरात्मा ने उससे धीरे-से कहा कि 'सर्वस्व हार चुका'!

सरदार ने कहा-रामप्रसाद, तुम भी गाओ। वह भी एक अनिवार्य आकर्षण से-इच्छा न रहने पर भी, गाने लगा।

हमारो हिरदय कलिसहु जीत्यो।

फटत न सखी अजहुँ उहि आसा बरिस दिवस पर बीत्यो।।

हमहूँ समुझि पर्यो नीके कर यह आसा तनु रीत्यो।

'सूरस्याम' दासी सुख सोवहु भयउ उभय मन चीत्यो।

सौसन के चेहरे पर गाने का भाव एकबारगी अरुणिमा में प्रगट हो गया। रामप्रसाद ने ऐसे करुण स्वर से इस पद को गाया कि दोनों मुग्ध हो गये।

सरदार ने देखा कि मेरी जीत हुई। प्रसन्न होकर बोल उठा-रामप्रसाद, जो इच्छा हो, माँग लो।

यह सुनकर सरदार-पत्नी के यहाँ से एक बाँदी आई और सौसन से बोली-बेगम ने कहा है कि तुम्हें भी जो माँगना हो, हमसे माँग लो।

रामप्रसाद ने थोड़ी देर तक कुछ न कहा। जब दूसरी बार सरदार ने माँगने को कहा, तब उसका चेहरा कुछ अस्वाभाविक-सा हो उठा। वह विक्षिप्त स्वर से बोल उठा-यदि आप अपनी बात पर दृढ़ हों, तो 'सौसन' को मुझे दे दीजिये।

उसी समय सौसन भी उस बाँदी से बोली-बेगम साहिबा यदि कुछ मुझे देना चाहें, तो अपने दासीपन से मुझे मुक्त कर दें।

बाँदी भीतर चली गई। सरदार चुप रह गये। बाँदी फिर आई और बोली-बेगम ने तुम्हारी प्रार्थना स्वीकार की और यह हार दिया है।

इतना कहकर उसने एक जड़ाऊ हार सौसन को पहना दिया।

सरदार ने कहा-रामप्रसाद, आज से तुम 'तानसेन' हुए। यह सौसन भी तुम्हारी हुई; लेकिन धरम से इसके साथ ब्याह करो।

तानसेन ने कहा-आज से हमारा धर्म 'प्रेम' है।

चंदा

१

चैत्र-कृष्णाष्टमी का चन्द्रमा अपना उज्ज्वल प्रकाश 'चन्द्रप्रभा' के निर्मल जल पर डाल रहा है। गिरि-श्रेणी के तरुवर अपने रंग को छोड़कर धवलित हो रहे हैं; कल-नादिनी समीर के संग धीरे-धीरे बह रही है। एक शिला-तल पर बैठी हुई कोलकुमारी सुरीले स्वर से-'दरद दिल काहि सुनाऊँ प्यारे! दरद' ...गा रही है।

गीत अधूरा ही है कि अकस्मात् एक कोलयुवक धीर-पद-संचालन करता हुआ उस रमणी के सम्मुख आकर खड़ा हो गया। उसे देखते ही रमणी की हृदय-तन्त्री बज उठी। रमणी बाह्य-स्वर भूलकर आन्तरिक स्वर से सुमधुर संगीत गाने लगी और उठकर खड़ी हो गई। प्रणय के वेग को सहन न करके वर्षा-वारिपूरिता स्रोतस्विनी के समान कोलकुमार के कंध-कूल से रमणी ने आलिंगन किया।

दोनों उसी शिला पर बैठ गये, और निर्निमेष सजल नेत्रों से परस्पर अवलोकन करने लगे। युवती ने कहा-तुम कैसे आये?

युवक-जैसे तुमने बुलाया।

युवती-(हँसकर) हमने तुम्हें कब बुलाया? और क्यों बुलाया?

युवक-गाकर बुलाया, और दरद सुनाने के लिये।

युवती-(दीर्घ नि:श्वास लेकर) कैसे क्या करूँ? पिता ने तो उसी से विवाह करना निश्चय किया है।

युवक-(उत्तेजना से खड़ा होकर) तो जो कहो, मैं करने के लिए प्रस्तुत हूँ।

युवती-(चन्द्रप्रभा की ओर दिखाकर) बस, यही शरण है।

युवक-तो हमारे लिए कौन दूसरा स्थान है?

युवती-मैं तो प्रस्तुत हूँ।

युवक-हम तुम्हारे पहले।

युवती ने कहा-तो चलो।

युवक ने मेघ-गर्जन-स्वर से कहा-चलो।

दोनों हाथ में हाथ मिलाकर पहाड़ी से उतरने लगे। दोनों उतरकर चन्द्रप्रभा के तट पर आये, और एक शिला पर खड़े हो गये। तब युवती ने कहा-अब विदा!

युवक ने कहा-किससे? मैं तो तुम्हारे साथ-जब तक सृष्टि रहेगी तब तक-रहूँगा।

इतने ही में शाल-वृक्ष के नीचे एक छाया दिखाई पड़ी और वह इन्हीं दोनों की ओर आती हुई दिखाई देने लगी। दोनों ने चकित होकर देखा कि एक कोल खड़ा है। उसने गम्भीर स्वर से युवती से पूछा-चंदा! तू यहाँ क्यों आई?

युवती-तुम पूछने वाले कौन हो?

आगन्तुक युवक-मैं तुम्हारा भावी पति 'रामू' हूँ।

युवती-मैं तुमसे ब्याह न करूँगी।

आगन्तुक युवक-फिर किससे तुम्हारा ब्याह होगा?

युवती ने पहले के आये हुए युवक की ओर इंगित करके कहा-इन्हीं से।

आगन्तुक युवक से अब न सहा गया। घूमकर पूछा-क्यों हीरा! तुम ब्याह करोगे?

हीरा-तो इसमें तुम्हारा क्या तात्पर्य है?

रामू-तुम्हें इससे अलग हो जाना चाहिये।

हीरा-क्यों, तुम कौन होते हो?

रामू-हमारा इससे संबंध पक्का हो चुका है।

हीरा-पर जिससे संबंध होने वाला है, वह सहमत न हो, तब?

रामू-क्यों चंदा! क्या कहती हो?

चंदा-मैं तुमसे ब्याह न करूँगी।

रामू-तो हीरा से भी तुम ब्याह नहीं कर सकतीं!

चंदा-क्यों?

रामू-(हीरा से) अब हमारा-तुम्हारा फैसला हो जाना चाहिये, क्योंकि एक म्यान में दो तलवारें नहीं रह सकतीं।

इतना कहकर हीरा के ऊपर झपटकर उसने अचानक छुरे का वार किया।

हीरा, यद्यपि सचेत हो रहा था; पर उसको सम्हलने में विलम्ब हुआ, इससे घाव लग गया, और वह वक्ष थामकर बैठ गया। इतने में चंदा जोर से क्रन्दन कर उठी-साथ ही एक वृद्ध भील आता हुआ दिखाई पड़ा।

२

युवती मुँह ढाँपकर रो रही है, और युवक रक्ताक्त छूरा लिये, घृणा की दृष्टि से खड़े हुए, हीरा की ओर देख रहा है। विमल चन्द्रिका में चित्र की तरह वे दिखाई दे रहे हैं। वृद्ध को जब चंदा ने देखा, तो और वेग से रोने लगी। उस दृश्य को देखते ही वृद्ध कोल-पति सब बात समझ गया, और रामू के समीप जाकर छूरा उसके हाथ से ले लिया, और आज्ञा के स्वर में कहा-तुम दोनों हीरा को उठाकर नदी के समीप ले चलो।

इतना कहकर वृद्ध उन सबों के साथ आकर नदी-तट पर जल के समीप खड़ा हो गया। रामू और चंदा दोनों ने मिलकर उसके घाव को धोया और हीरा के मुँह पर छींटा दिया, जिससे उसकी मूर्च्छा दूर हुई। तब वृद्ध ने सब बातें हीरा से पूछीं; पूछ लेने पर रामू से कहा-क्यों, यह सब ठीक है?

रामू ने कहा-सब सत्य है।

वृद्ध-तो तुम अब चंदा के योग्य नहीं हो, और यह छूरा भी-जिसे हमने तुम्हें दिया था। तुम्हारे योग्य नहीं है। तुम शीघ्र ही हमारे जंगल से चले जाओ, नहीं तो तुम्हारा हाल महाराज से कह देंगे, और उसका क्या परिणाम होगा सो तुम स्वयं समझ सकते हो। (हीरा की ओर देखकर) बेटा! तुम्हारा घाव शीघ्र अच्छा हो जायगा, घबड़ाना नहीं, चंदा तुम्हारी ही होगी।

यह सुनकर चंदा और हीरा का मुख प्रसन्नता से चमकने लगा, पर हीरा ने लेटे-ही-लेटे हाथ जोड़कर कहा-पिता! एक बात कहनी है, यदि आपकी आज्ञा हो।

वृद्ध-हम समझ गये, बेटा! रामू विश्वासघाती है।

हीरा-नहीं पिता! अब वह ऐसा कार्य नहीं करेगा। आप क्षमा करेंगे, मैं ऐसी आशा करता हूँ।

वृद्ध-जैसी तुम्हारी इच्छा।

कुछ दिन के बाद जब हीरा अच्छी प्रकार से आरोग्य हो गया, तब उसका ब्याह चंदा से हो गया। रामू भी उस उत्सव में सम्मिलित हुआ, पर उसका बदन मलीन और चिन्तापूर्ण था। वृद्ध कुछ ही काल में अपना पद हीरा को सौंप स्वर्ग को सिधारा। हीरा और चंदा सुख से विमल चाँदनी में बैठकर पहाड़ी झरनों का कल-नाद-मय आनन्द-संगीत सुनते थे।

३

अंशुमाली अपनी तीक्ष्ण किरणों से वन्य-देश को परितापित कर रहे हैं। मृग-सिंह एक स्थान पर बैठकर, छाया-सुख में अपने बैर-भाव को भूलकर, ऊँघ रहे हैं। चन्द्रप्रभा के तट पर पहाड़ी की एक गुहा में जहाँ कि छतनार पेड़ों की छाया उष्ण वायु को भी शीतल कर देती है, हीरा और चंदा बैठे हैं। हृदय के अनन्त विकास से उनका मुख प्रफुल्लित दिखाई पड़ता है। उन्हें वस्त्र के लिये वृक्षगण वल्कल देते हैं; भोजन के लिये प्याज, मेवा इत्यादि जंगली सुस्वादु फल, शीतल स्वच्छन्द पवन; निवास के लिये गिरि-गुहा; प्राकृतिक झरनों का शीतल जल उनके सब अभावों को दूर करता है, और सबल तथा स्वच्छन्द बनाने में ये सब सहायता देते हैं। उन्हें किसी की अपेक्षा नहीं पड़ती। अस्तु, उन्हीं सब सुखों से आनन्दित व्यक्तिद्वय 'चन्द्रप्रभा' के जल का कल-नाद सुनकर अपनी हृदय-वीणा को बजाते हैं।

चंदा-प्रिय! आज उदासीन क्यों हो?

हीरा-नहीं तो, मैं यह सोच रहा हूँ कि इस वन में राजा आने वाले हैं। हम लोग यद्यपि अधीन नहीं हैं तो भी उन्हें शिकार खेलाया जाता है, और इसमें हम लोगों की कुछ हानि भी नहीं है। उसके प्रतिकार में हम लोगों को कुछ मिलता है, पर आजकल इस वन में जानवर दिखाई नहीं पड़ते। इसलिये सोचता हूँ कि कोई शेर या छोटा चीता भी मिल जाता, तो कार्य हो जाता।

चंदा-खोज किया था?

हीरा-हाँ, आदमी तो गया है।

इतने में एक कोल दौड़ता हुआ आया, और कहा राजा आ गये हैं और तहखाने में बैठे हैं। एक तेंदुआ भी दिखाई दिया है।

हीरा का मुख प्रसन्नता से चमकने लगा, और वह अपना कुल्हाड़ा सम्हालकर उस आगन्तुक के साथ वहाँ पहुँचा, जहाँ शिकार का आयोजन हो चुका था।

राजा साहब झंझरी में बंदूक की नाल रखे हुए ताक रहे हैं। एक ओर से बाजा बज उठा। एक चीता भागता हुआ सामने से निकला। राजा साहब ने उस पर वार किया। गोली लगी, पर चमड़े को छेदती हुई पार हो गई; इससे वह जानवर भागकर निकल गया। अब तो राजा साहब बहुत ही दु:खित हुए। हीरा को बुलाकर कहा-क्यों जी, यह जानवर नहीं मिलेगा?

उस वीर कोल ने कहा-क्यों नहीं?

इतना कहकर वह उसी ओर चला। झाड़ी में, जहाँ वह चीता घाव से व्याकुल बैठा था, वहाँ पहुँचकर उसने देखना आरम्भ किया। क्रोध से भरा हुआ चीता उस कोल-युवक को देखते ही झपटा।

युवक असावधानी के कारण वार न कर सका, पर दोनों हाथों से उस भयानक जन्तु की गर्दन को पकड़ लिया, और उसने भी इसके कंधे पर अपने दोनों पंजों को जमा दिया।

दोनों में बल-प्रयोग होने लगा। थोड़ी देर में दोनों जमीन पर लेट गये।

४

यह बात राजा साहब को विदित हुई। उन्होंने उसकी मदद के लिए कोलों को जाने की आज्ञा दी। रामू उस अवसर पर था। उसने सबके पहले जाने के लिए पैर बढ़ाया, और चला। वहाँ जब पहुँचा, तो उस दृश्य को देखकर घबड़ा गया, और हीरा से कहा-हाथ ढीला कर; जब यह छोड़ने लगे, तब गोली मारूँ, नहीं तो सम्भव है कि तुम्हीं को लग जाय।

हीरा-नहीं, तुम गोली मारो।

रामू-तुम छोड़ो तो मैं वार करूँ।

हीरा-नहीं, यह अच्छा नहीं होगा।

रामू-तुम उसे छोड़ो, मैं अभी मारता हूँ।

हीरा-नहीं, तुम वार करो।

रामू-वार करने से सम्भव है कि उछले और तुम्हारे हाथ छूट जायँ, तो तुमको यह तोड़ डालेगा।

हीरा-नहीं, तुम मार लो, मेरा हाथ ढीला हुआ जाता है।

रामू-तुम हठ करते हो, मानते नहीं।

इतने में हीरा का हाथ कुछ बात-चीत करते-करते ढीला पड़ा; वह चीता उछलकर हीरा की कमर को पकड़कर तोड़ने लगा।

रामू खड़ा होकर देख रहा है, और पैशाचिक आकृति उस घृणित पशु के मुख पर लक्षित हो रही है और वह हँस रहा है।

हीरा टूटी हुई साँस से कहने लगा-अब भी मार ले।

रामू ने कहा-अब तू मर ले, तब वह भी मारा जायेगा। तूने हमारा हृदय निकाल लिया है, तूने हमारा घोर अपमान किया है, उसी का प्रतिफल है। इसे भोग।

हीरा को चीता खाये डालता है; पर उसने कहा-नीच! तू जानता है कि 'चंदा' अब तेरी होगी। कभी नहीं! तू नीच है-इस चीते से भी भयंकर जानवर है।

रामू ने पैशाचिक हँसी हँसकर कहा-चंदा अब तेरी तो नहीं है, अब वह चाहे जिसकी हो।

हीरा ने टूटी हुई आवाज से कहा-तुझे इस विश्वासघात का फल शीघ्र मिलेगा और चंदा फिर हमसे मिलेगी। चंदा...प्यारी...च...

इतना उसके मुख से निकला ही था कि चीते ने उसका सिर दाँतों के तले दाब लिया। रामू देखकर पैशाचिक हँसी हँस रहा था। हीरा के समाप्त हो जाने पर रामू लौट आया, और झूठी बातें बनाकर राजा से कहा कि उसको हमारे जाने के पहले ही चीता ने मार लिया।

राजा बहुत दुखी हुए, और जंगल की सरदारी रामू को मिली।

५

बसंत की राका चारों ओर अनूठा दृश्य दिखा रही है। चन्द्रमा न मालूम किस लक्ष्य की ओर

दौड़ा चला जा रहा है; कुछ पूछने से भी नहीं बताता। कुटज की कली का परिमल लिये पवन भी न मालूम कहाँ दौड़ रहा है; उसका भी कुछ समझ नहीं पड़ता। उसी तरह, चन्द्रप्रभा के तीर पर बैठी हुई कोल-कुमारी का कोमल कण्ठ-स्वर भी किस धुन में है-नहीं ज्ञात होता।

अकस्मात् गोली की आवाज ने उसे चौंका दिया। गाने के समय जो उसका मुख उद्वेग और करुणा से पूर्ण दिखाई पड़ता था, वह घृणा और क्रोध से रंजित हो गया, और वह उठकर पुच्छमर्दिता सिंहनी के समान तनकर खड़ी हो गई, और धीरे से कहा-यही समय है। ज्ञात होता है, राजा इस समय शिकार खेलने पुन: आ गये हैं-बस, वह अपने वस्त्र को ठीक करके कोल-बालक बन गई, और कमर में से एक चमचमाता हुआ छुरा निकालकर चूमा। वह चाँदनी में चमकने लगा। फिर वह कहने लगी-यद्यपि तुमने हीरा का रक्तपात कर लिया है, लेकिन पिता ने रामू से तुम्हें ले लिया है। अब तुम हमारे हाथ में हो, तुम्हें आज रामू का भी खून पीना होगा।

इतना कहकर वह गोली के शब्द की ओर लक्ष्य करके चली। देखा कि तहखाने में राजा साहब बैठे हैं। शेर को गोली लग चुकी है, और वह भाग गया है, उसका पता नहीं लग रहा है, रामू सरदार है, अतएव उसको खोजने के लिए आज्ञा हुई, वह शीघ्र ही सन्नद्ध हुआ। राजा ने कहा-कोई साथी लेते जाओ।

पहले तो उसने अस्वीकार किया, पर जब एक कोल युवक स्वयं साथ चलने को तैयार हुआ, तो वह नहीं भी न कर सका, और सीधे-जिधर शेर गया था, उसी ओर चला। कोल-बालक भी उसके पीछे हैं। वहाँ घाव से व्याकुल शेर चिंघाड़ रहा है, इसने जाते ही ललकारा। उसने तत्काल ही निकलकर वार किया। रामू कम साहसी नहीं था, उसने उसके खुले मुँह में निर्भीक होकर बन्दूक की नाल डाल दी; पर उसके जरा-सा मुँह घुमा लेने से गोली चमड़ा छेदकर पार निकल गई, और शेर ने क्रुद्ध होकर दाँत से बंदूक की नाल दबा ली। अब दोनों एक दूसरे को ढकेलने लगे; पर कोल-बालक चुपचाप खड़ा है। रामू ने कहा-मार, अब देखता क्या है?

युवक-तुम इससे बहुत अच्छी तरह लड़ रहे हो।

रामू-मारता क्यों नहीं?

युवक-इसी तरह शायद हीरा से भी लड़ाई हुई थी, क्या तुम नहीं लड़ सकते?

रामू-कौन, चंदा! तुम हो? आह, शीघ्र ही मारो, नहीं तो अब यह सबल हो रहा है।

चंदा ने कहा-हाँ, लो मैं मारती हूँ, इसी छुरे से हमारे सामने तुमने हीरा को मारा था, यह वही छुरा है, यह तुझे दुःख से निश्चय ही छुड़ावेगा-इतना कहकर चंदा ने रामू की बगल में छुरा उतार दिया। वह छटपटाया। इतने ही में शेर को मौका मिला, वह भी रामू पर टूट पड़ा और उसका इति कर आप भी वहीं गिर पड़ा।

चंदा ने अपना छुरा निकाल लिया, और उसको चाँदनी में रंगा हुआ देखने लगी, फिर खिलखिलाकर हँसी और कहा, -'दरद दिल काहि सुनाऊँ प्यारे!' फिर हँसकर कहा-हीरा! तुम देखते होगे, पर अब तो यह छुरा ही दिल की दाह सुनेगा। इतना कहकर अपनी छाती में उसे भोंक लिया और उसी जगह गिर गई, और कहने लगी......हीरा......हम......तुमसे तुमसे......मिले ही......

चन्द्रमा अपने मन्द प्रकाश में यह सब देख रहा था।

ग्राम

१

टन! टन! टन! स्टेशन पर घण्टी बोली।

श्रावण-मास की सन्ध्या भी कैसी मनोहारिणी होती है! मेघ-माला-विभूषित गगन की छाया सघन रसाल-कानन में पड़ रही है! अँधियारी धीरे-धीरे अपना अधिकार पूर्व-गगन में जमाती हुई, सुशासनकारिणी महाराणी के समान, विहंग प्रजागण को सुख-निकेतन में शयन करने की आज्ञा दे रही है। आकाशरूपी शासन-पत्र पर प्रकृति के हस्ताक्षर के समान बिजली की रेखा दिखाई पड़ती है...ग्राम्य स्टेशन पर कहीं एक-दो दीपालोक दिखाई पड़ता है। पवन हरे-हरे निकुञ्जों में से भ्रमण करता हुआ झिल्ली के झनकार के साथ भरी हुई झीलों में लहरों के साथ खेल रहा है। बूँदियाँ धीरे-धीरे गिर रही हैं, जो जूही की कलियों को आर्द्र करके पवन को भी शीतल कर रही हैं।

थोड़े समय में वर्षा बंद हो गई। अन्धकार-रूपी अंजन के अग्रभाग-स्थित आलोक के समान चतुर्दशी की लालिमा को लिये हुए चन्द्रदेव प्राची में हरे-हरे तरुवरों की आड़ में से अपनी किरण-प्रभा दिखाने लगे। पवन की सनसनाहट के साथ रेलगाड़ी का शब्द सुनाई पड़ने लगा। सिग्नलर ने अपना कार्य किया। घण्टा का शब्द उस हरे-भरे मैदान में गूंजने लगा। यात्री लोग अपनी गठरी बाँधते हुए स्टेशन पर पहुँचे। महादैत्य के लाल-लाल नेत्रों के समान अंजन-गिरिनिभ इंजिन का अग्रस्थित रक्त-आलोक दिखाई देने लगा। पागलों के समान बड़बड़ाती हुई अपनी धुन की पक्की रेलगाड़ी स्टेशन पर पहुँच गई। धड़ाधड़ यात्री लोग उतरने-चढ़ने लगे। एक स्त्री की ओर देखकर फाटक के बाहर खड़ी हुई दो औरतें-जो उसकी सहेली मालूम देती हैं-रो रही हैं, और वह स्त्री एक मनुष्य के साथ रेल में बैठने को उद्यत है। उनकी क्रन्दन-ध्वनि से वह स्त्री दीन-भाव से उनकी ओर देखती हुई, बिना समझे हुए, सेकंड क्लास की गाड़ी में चढ़ने लगी; पर उसमें बैठे हुए बाबू साहब- 'यह दूसरा दर्जा है, इसमें मत चढ़ो' कहते हुए उतर पड़े, और अपना हण्टर घुमाते हुए स्टेशन से बाहर होने का उद्योग करने लगे।

विलायती पिक का वृचिस पहने, बूट चढ़ाये, हण्टिंग कोट, धानी रंग का साफा, अंग्रेजी हिन्दुस्तानी का महासम्मेलन बाबू साहब के अंग पर दिखाई पड़ रहा है। गौर वर्ण, उन्नत ललाट-उसकी आभा को बढ़ा रहे हैं। स्टेशन मास्टर से सामना होते ही शेकहैंड करने के उपरान्त बाबू साहब से बातचीत होने लगी।

स्टेशन मास्टर-आप इस वक्त कहाँ से आ रहे हैं?

मोहन-कारिंदों ने इलाके में बड़ा गड़बड़ मचा रक्खा है, इसलिये मैं कुसुमपुर-जो कि हमारा इलाका है-इंस्पेक्शन के लिए जा रहा हूँ।

स्टेशन मास्टर-फिर कब पलटियेगा?

मोहन-दो रोज में। अच्छा, गुड इवनिंग।

स्टेशन मास्टर, जो लाइन-क्लियर दे चुके थे, गुड इवनिंग करते हुए अपने आफिस में घुस गये।

बाबू मोहनलाल अंग्रेजी काठी से सजे हुए घोड़े पर, जो पूर्व ही स्टेशन पर खड़ा था, सवार होकर चलते हुए।

२

सरलस्वभावा ग्रामवासिनी कुलकामिनीगण का सुमधुर संगीत धीरे-धीरे आम्र-कानन में से निकलकर चारों ओर गूँज रहा है। अन्धकार गगन में जुगनू-तारे चमक-चमक कर चित्त को चंचल कर रहे हैं। ग्रामीण लोग अपना हल कंधे पर रक्खे, बिरहा गाते हुए, बैलों की जोड़ी के साथ, घर की ओर प्रत्यावर्तन कर रहे हैं।

एक विशाल तरुवर की शाखा में झूला पड़ा हुआ है, उस पर चार महिलाएँ बैठी हैं, और पचासों उसको घेरकर गाती हुई घूम रही हैं। झूले के पेंग के साथ 'अबकी सावन सइयाँ घर रहु रे' की सुरीली पचासों कोकिल-कण्ठ से निकली हुई तान पशुगणों को भी मोहित कर रही है। बालिकाएँ स्वच्छन्द भाव से क्रीड़ा कर रही हैं। अकस्मात् अश्व के पद-शब्द ने उन सरला कामिनियों को चौंका दिया। वे सब देखती हैं, तो हमारे पूर्व-परिचित बाबू मोहनलाल घोड़े को रोककर उस पर से उतर रहे हैं। वे सब उनका भेष देखकर घबड़ा गयीं और आपस में कुछ इंगित करके चुप रह गयीं।

बाबू मोहनलाल ने निस्तब्धता को भंग किया, और बोले-भद्रे! यहाँ से कुसुमपुर कितनी दूर है? और किधर से जाना होगा? एक प्रौढ़ा ने सोचा कि 'भद्रे' कोई परिहास-शब्द तो नहीं है, पर वह कुछ कह न सकी, केवल एक ओर दिखाकर बोली-इहाँ से डेढ़ कोस तो बाय, इहै पैंड़वा जाई।

बाबू मोहनलाल उसी पगडंडी से चले। चलते-चलते उन्हें भ्रम हो गया, और वह अपनी छावनी का पथ छोड़कर दूसरे मार्ग से जाने लगे। मेघ घिर आये, जल वेग से बरसने लगा, अन्धकार और घना हो गया। भटकते-भटकते वह एक खेत के समीप पहुँचे; वहाँ उस हरे-भरे खेत में एक ऊँचा और बड़ा मचान था, जो कि फूस से छाया हुआ था, और समीप ही में एक छोटा-सा कच्चा मकान था।

उस मचान पर बालक और बालिकाएँ बैठी हुई कोलाहल मचा रही थीं। जल में भीगते हुए भी मोहनलाल खेत के समीप खड़े होकर उनके आनन्द-कलरव को श्रवण करने लगे।

भ्रान्त होने से उन्हें बहुत समय व्यतीत हो गया। रात्रि अधिक बीत गयी। कहाँ ठहरें? इसी विचार में वह खड़े रहे, बूँदें कम हो गयीं। इतने में एक बालिका अपने मलिन वसन के अंचल की आड़ में दीप लिये हुए उसी मचान की ओर जाती हुई दिखाई पड़ी।

३

बालिका की अवस्था 15 वर्ष की है। आलोक से उसका अंग अन्धकार-घन में विद्युल्लेखा की तरह चमक रहा था। यद्यपि दरिद्रता ने उसे मलिन कर रक्खा है, पर ईश्वरीय सुषमा उसके कोमल अंग पर अपना निवास किये हुए है। मोहनलाल ने घोड़ा बढ़ाकर उससे कुछ पूछना चाहा, पर संकुचित होकर ठिठक गये। परन्तु पूछने के अतिरिक्त दूसरा उपाय ही नहीं था। अस्तु, रूखेपन के साथ पूछा-कुसुमपुर का रास्ता किधर है?

बालिका इस भव्य मूर्ति को देखकर डरी, पर साहस के साथ बोली-मैं नहीं जानती। ऐसे सरल नेत्र-संचालन से इंगित करके उसने ये शब्द कहे कि युवक को क्रोध के स्थान में हँसी आ गयी और कहने लगा-तो जो जानता हो, मुझे बतलाओ, मैं उससे पूछ लूँगा।

बालिका-हमारी माता जानती होंगी।

मोहन-इस समय तुम कहाँ जाती हो?

बालिका-(मचान की ओर दिखाकर) वहाँ जो कई लड़के हैं, उनमें से एक हमारा भाई है, उसी

को खिलाने जाती हूँ।

मोहन-बालक इतनी रात को खेत में क्यों बैठा है?

बालिका-वह रात-भर और लडक़ों के साथ खेत में ही रहता है।

मोहन-तुम्हारी माँ कहाँ है?

बालिका-चलिये, मैं लिवा चलती हूँ।

इतना कहकर बालिका अपने भाई के पास गयी, और उसको खिलाकर तथा उसके पास बैठे हुए लडक़ों को भी कुछ देकर उसी क्षुद्र-कुटीराभिमुख गमन करने लगी। मोहनलाल उस सरला बालिका के पीछे चले।

४

उस क्षुद्र कुटीर में पहुँचने पर एक स्त्री मोहनलाल को दिखाई पड़ी, जिसकी अंगप्रभा स्वर्ण-तुल्य थी, तेजोमय मुख-मण्डल, तथा ईषत् उन्नत अधर अभिमान से भरे हुए थे, अवस्था उसकी 50 वर्ष से अधिक थी। मोहनलाल की आन्तरिक अवस्था, जो ग्राम्य जीवन देखने से कुछ बदल चुकी थी, उस सरल गम्भीर तेजोमय मूर्ति को देख और भी सरल विनययुक्त हो गयी। उसने झुककर प्रणाम किया। स्त्री ने आशीर्वाद दिया और पूछा-बेटा! कहाँ से आते हो?

मोहन-मैं कुसुमपुर जाता था, किन्तु रास्ता भूल गया......।

'कुसुमपुर' का नाम सुनते ही स्त्री का मुख-मण्डल आरक्तिम हो गया और उसके नेत्र से दो बूंद आँसू निकल आये। वे अश्रु करुणा के नहीं किन्तु अभिमान के थे।

मोहनलाल आश्चर्यान्वित होकर देख रहे थे। उन्होंने पूछा-आपको कुसुमपुर के नाम से क्षोभ क्यों हुआ?

स्त्री-बेटा! उसकी बड़ी कथा है, तुम सुनकर क्या करोगे?

मोहन-नहीं, मैं सुनना चाहता हूँ, यदि आप कृपा करके सुनावें।

स्त्री-अच्छा, कुछ जलपान कर लो, तब सुनाऊँगी।

पुन: बालिका की ओर देखकर स्त्री ने कहा-कुछ जल पीने को ले आओ।

आज्ञा पाते ही बालिका उस क्षुद्र गृह के एक मिट्टी के बर्तन में से कुछ वस्तु निकाल, उसे एक पात्र में घोलकर ले आयी, और मोहनलाल के सामने रख दिया। मोहनलाल उस शर्बत को पान करके फूस की चटाई पर बैठकर स्त्री की कथा सुनने लगे।

५

स्त्री कहने लगी-हमारे पति इस प्रान्त के गण्य भूस्वामी थे, और वंश भी हम लोगों का बहुत उच्च था। जिस गाँव का अभी आपने नाम लिया है, वही हमारे पति की प्रधान जमींदारी थी। कार्यवश कुंदनलाल नामक एक महाजन से कुछ ऋण लिया गया। कुछ भी विचार न करने से उनका बहुत रुपया बढ़ गया, और जब ऐसी अवस्था पहुँची तो अनेक उपाय करके हमारे पति धन जुटाकर उनके पास ले गये, तब उस धूर्त ने कहा-क्या हर्ज है बाबू साहब! आप आठ रोज में आना, हम रुपया ले लेंगे, और जो घाटा होगा, उसे छोड़ देंगे, आपका इलाका फिर जायगा, इस समय रेहननामा भी नहीं मिल रहा है। उसका विश्वास करके हमारे पति फिर बैठ रहे, और उसने कुछ भी न पूछा। उनकी उदारता के कारण वह संचित धन भी थोड़ा हो गया, और उधर उसने दावा करके इलाका-जो कि वह ले लेना चाहता था-बहुत थोड़े रुपये में नीलाम करा लिया। फिर हमारे पति के हृदय में, उस इलाके के इस

भाँति निकल जाने के कारण, बहुत चोट पहुँची, और इसी से उनकी मृत्यु हो गयी। इस दशा के होने के उपरान्त हम लोग इस दूसरे गाँव में आकर रहने लगीं। यहाँ के जमींदार बहुत धर्मात्मा हैं, उन्होंने कुछ सामान्य ‹कर› पर यह भूमि दी है, इसी से अब हमारी जीविका है। ....

इतना कहते-कहते स्त्री का गला अभिमान से भर आया और कुछ कह न सकी।

स्त्री की कथा को सुनकर मोहनलाल को बड़ा दुःख हुआ। रात विशेष बीत चुकी थी, अत: रात्रि-यापन करके, प्रभात में मलिन तथा पश्चिमगामी चन्द्र का अनुसरण करके, बताये हुए पथ से वह चले गये।

पर उनके मुख पर विषाद तथा लज्जा ने अधिकार कर लिया था। कारण यह था कि स्त्री की जमींदारी हरण करने वाले, तथा उसके प्राणप्रिय पति से उसे विच्छेद कराकर इस भाँति दुःख देने वाले कुंदनलाल मोहनलाल के ही पिता थे।

रसिया बालम

१

संसार को शान्तिमय करने के लिए रजनी देवी ने अभी अपना अधिकार पूर्णत: नहीं प्राप्त किया है। अंशुमाली अभी अपने आधे बिम्ब को प्रतीची में दिखा रहे हैं। केवल एक मनुष्य अर्बुद-गिरि-सुदृढ़ दुर्ग के नीचे एक झरने के तट पर बैठा हुआ उस अर्ध-स्वर्ण पिंड की ओर देखता है और कभी-कभी दुर्ग के ऊपर राजमहल की खिड़की की ओर भी देख लेता है, फिर कुछ गुनगुनाने लगता है।

घण्टों उसे वैसे ही बैठे बीत गये। कोई कार्य नहीं, केवल उसे उस खिड़की की ओर देखना। अकस्मात् एक उजाले की प्रभा उस नीची पहाड़ी भूमि पर पड़ी और साथ ही किसी वस्तु का शब्द भी हुआ, परन्तु उस युवक का ध्यान उस ओर नहीं था। वह तो केवल उस खिड़की में के उस सुन्दर मुख की ओर देखने की आशा से उसी ओर देखता रहा, जिसने केवल एक बार उसे झलक दिखाकर मन्त्रमुग्ध कर दिया था।

इधर उस कागज में लिपटी हुई वस्तु को एक अपरिचित व्यक्ति, जो छिपा खड़ा था, उठाकर चलता हुआ। धीरे-धीरे रजनी की गम्भीरता उस शैल-प्रदेश में और भी गम्भीर हो गयी और झाड़ियों की ओट में तो अन्धकार मूर्तिमान हो बैठा हुआ ज्ञात होता था, परन्तु उस युवक को इसकी कुछ भी चिन्ता नहीं। जब तक उस खिड़की में प्रकाश था, तब तक वह उसी ओर निर्निमेष देख रहा था, और कभी-कभी अस्फुट स्वर से वही गुन-गुनाहट उसके मुख से वनस्पतियों को सुनाई पड़ती थी।

जब वह प्रकाश बिल्कुल न रहा, तब वह युवक उठा और समीप के झरने के तट से होते हुए उसी अन्धकार में विलीन हो गया।

२

दिवाकर की पहली किरण ने जब चमेली की कलियों को चटकाया, तब उन डालियों को उतना नहीं ज्ञात हुआ, जितना कि एक युवक के शरीर-स्पर्श से उन्हें हिलना पड़ा, जो कि काँटे और झाड़ियों का कुछ भी ध्यान न करके सीधा अपने मार्ग का अनुसरण कर रहा है। वह युवक फिर उसी खिड़की के सामने पहुँचा और जाकर अपने पूर्व-परिचित शिलाखंड पर बैठ गया, और पुन: वही क्रिया आरम्भ हुई। धीरे-धीरे एक सैनिक पुरुष ने आकर उस युवक के कंधे पर अपना हाथ रक्खा।

युवक चौंक उठा और क्रोधित होकर बोला-तुम कौन हो?

आगन्तुक हँस पड़ा और बोला-यही तो मेरा भी प्रश्न है कि तुम कौन हो? और क्यों इस अन्त:पुर की खिड़की के सामने बैठे हो? और तुम्हारा क्या अभिप्राय है?

युवक-मैं यहाँ घूमता हूँ, और यही मेरा मकान है। मैं जो यहाँ बैठा हूँ, मित्र! वह बात यह है कि मेरा एक मित्र इसी प्रकोष्ठ में रहता है; मैं कभी-कभी उसका दर्शन पा जाता हूँ, और अपने चित्त को प्रसन्न करता हूँ।

सैनिक-पर मित्र! तुम नहीं जानते कि यह राजकीय अन्त:पुर है। तुम्हें ऐसे देखकर तुम्हारी क्या

दशा हो सकती है? और महाराजा तुम्हें क्या समझेंगे?

युवक-जो कुछ हो; मेरा कुछ असत् अभिप्राय नहीं है, मैं तो केवल सुन्दर रूप का दर्शन ही निरन्तर चाहता हूँ, और यदि महाराज भी पूछें तो यही कहूँगा।

सैनिक-तुम जिसे देखते हो, वह स्वयं राजकुमारी है, और तुम्हें कभी नहीं चाहती। अतएव तुम्हारा यह प्रयास व्यर्थ है।

युवक-क्या वह राजकुमारी है? तो चिन्ता क्या! मुझे तो केवल देखना है, मैं बैठे-बैठे देखा करूँगा। पर तुम्हें यह कैसे मालूम कि वह मुझे नहीं चाहती?

सैनिक-प्रमाण चाहते हो तो (एक पत्र देकर) यह देखो।

युवक उसे लेकर पढ़ता है। उसमें लिखा था।

"युवक!

तुम क्यों अपना समय व्यर्थ व्यतीत करते हो? मैं तुमसे कदापि नहीं मिल सकती। क्यों महीनों से यहाँ बैठे-बैठे अपना शरीर नष्ट कर रहे हो, मुझे तुम्हारी अवस्था देखकर दया आती है। अत: तुमको सचेत करती हूँ, फिर कभी यहाँ मत बैठना।

वही-
जिसे तुम देखा करते हो!"

३

युवक कुछ देर के लिए स्तम्भित हो गया। सैनिक सामने खड़ा था। अकस्मात् युवक उठकर खड़ा हो गया और सैनिक का हाथ पकड़कर बोला-मित्र! तुम हमारा कुछ उपकार कर सकते हो? यदि करो, तो कुछ विशेष परिश्रम न होगा।

सैनिक-कहो, क्या है? यदि हो सकेगा, तो अवश्य करूँगा।

तत्काल उस युवक ने अपनी उँगली एक पत्थर से कुचल दी, और अपने फटे वस्त्र में से एक टुकड़ा फाड़कर तिनका लेकर उसी रक्त से टुकड़े पर कुछ लिखा, और उस सैनिक के हाथ में देकर कहा-यदि हम न रहें, तो इसको उस निष्ठुर के हाथ में दे देना। बस, और कुछ नहीं।

इतना कहकर युवक ने पहाड़ी पर से कूदना चाहा; पर सैनिक ने उसे पकड़ लिया, और कहा- रसिया! ठहरो! -

युवक अवाक् हो गया; क्योंकि अब पाँच प्रहरी सैनिक के सामने सिर झुकाये खड़े थे, और पूर्व सैनिक स्वयं अर्बुदगिरि के महाराज थे।

महाराज आगे हुए और सैनिकों के बीच में रसिया। सब सिंहद्वार की ओर चले। किले के भीतर पहुँचकर रसिया को साथ में लिये हुए महाराज एक प्रकोष्ठ में पहुँचे। महाराज ने प्रहरी को आज्ञा दी कि महारानी और राजकुमारी को बुला लावे। वह प्रणाम कर चला गया।

महाराज-क्यों बलवंत सिंह! तुमने अपनी यह क्या दशा बना रक्खी है?

रसिया-(चौंककर) महाराज को मेरा नाम कैसे ज्ञात हुआ?

महाराज-बलवंत! मैं बचपन से तुम्हें जानता हूँ और तुम्हारे पूर्व पुरुषों को भी जानता हूँ।

रसिया चुप हो गया। इतने में महारानी भी राजकुमारी को साथ लिये हुए आ गयीं।

महारानी ने प्रणाम कर पूछा-क्या आज्ञा है?

महाराज-बैठो, कुछ विशेष बात है। सुनो, और ध्यान से उसका उत्तर दो। यह युवक जो तुम्हारे सामने बैठा है, एक उत्तम क्षत्रिय कुल का है, और मैं इसे जानता हूँ। यह हमारी राजकुमारी के प्रणय का भिखारी है। मेरी इच्छा है कि इससे उसका ब्याह हो जाय।

राजकुमारी, जिसने कि आते ही युवक को देख लिया था और जो संकुचित होकर इस समय महारानी के पीछे खड़ी थी, यह सुनकर और भी संकुचित हुई। पर महारानी का मुख क्रोध से लाल हो गया। वह कड़े स्वर में बोलीं-क्या आपको खोजते-खोजते मेरी कुसुम-कुमारी कन्या के लिये यही वर मिला है? वाह! अच्छा जोड़ मिलाया। कंगाल और उसके लिए निधि; बंदर और उसके गले में हार; भला यह भी कहीं सम्भव है? आप शीघ्र अपने भ्रान्तिरोग की औषधि कर डालिये। यह भी कैसा परिहास है! (कन्या से) चलो बेटी, यहाँ से चलो।

महाराज-नहीं, ठहरो और सुनो। यह स्थिर हो चुका है कि राजकुमारी का ब्याह बलवंत से होगा, तुम इसे परिहास मत जानो।

अब जो महारानी ने महाराज के मुख की ओर देखा, तो वह दृढ़प्रतिज्ञ दिखाई पड़े। निदान विचलित होकर महारानी ने कहा-अच्छा, मैं भी प्रस्तुत हो जाऊँगी पर इस शर्त पर कि जब यह पुरुष अपने बाहुबल से उस झरने के समीप से नीचे तक एक पहाड़ी रास्ता काटकर बना ले; उसके लिए समय अभी से केवल प्रात:काल तक का देती हूँ-जब तक कि कुक्कुट का स्वर न सुनाई पड़े। तब अवश्य मैं भी राजकुमारी का ब्याह इसी से कर दूँगी।

महाराज ने युवक की ओर देखा, जो निस्तब्ध बैठा हुआ सुन रहा था। वह उसी क्षण उठा और बोला-मैं प्रस्तुत हूँ, पर कुछ औजार और मसाले के लिए थोड़े विष की आवश्यकता है।

उसकी आज्ञानुसार सब वस्तुएँ उसे मिल गयीं, और वह शीघ्रता से उसी झरने के तट की ओर दौड़ा, और एक विशाल शिलाखंड पर जाकर बैठ गया, और उसे तोड़ने का उद्योग करने लगा; क्योंकि इसी के नीचे एक गुप्त पहाड़ी पथ था।

४

निशा का अन्धकार कानन-प्रदेश में अपना पूरा अधिकार जमाये हुए है। प्राय: आधी रात बीत चुकी है। पर केवल उन अग्नि-स्फुलिंगों से कभी-कभी थोड़ा-सा जुगनू का-सा प्रकाश हो जाता है, जो कि रसिया के शस्त्र-प्रहार से पत्थर में से निकल पड़ते हैं। दनादन् चोट चली जा रही है-विराम नहीं है क्षण भर भी-न तो उस शैल को और न उस शस्त्र को। अलौकिक शक्ति से वह युवक अविराम चोट लगाये ही जा रहा है। एक क्षण के लिये भी इधर-उधर नहीं देखता। देखता है, तो केवल अपना हाथ और पत्थर; उंगली एक तो पहले ही कुचली जा चुकी थी, दूसरे अविराम परिश्रम! इससे रक्त बहने लगा था। पर विश्राम कहाँ? उस वज्रसार शैल पर वज्र के समान कर से वह युवक चोट लगाये ही जाता है। केवल परिश्रम ही नहीं, युवक सफल भी हो रहा है। उसकी एक-एक चोट में दस-दस सेर के ढोके कट-कटकर पहाड़ पर से लुढ़कते हैं, जो सोये हुए जंगली पशुओं को घबरा देते हैं। यह क्या है? केवल उसकी तन्मयता-केवल प्रेम ही उस पाषाण को भी तोड़े डालता है।

फिर वही दनादन्-बराबर लगातार परिश्रम, विराम नहीं है! इधर उस खिड़की में से आलोक भी निकल रहा है और कभी-कभी एक मुखड़ा उस खिड़की से झाँककर देख रहा है। पर युवक को कुछ ध्यान नहीं, वह अपना कार्य करता जा रहा है।

अभी रात्रि के जाने के लिए पहर-भर है। शीतल वायु उस कानन को शीतल कर रही है। अकस्मात् 'तरुण-कुक्कुट-कण्ठनाद' सुनाई पड़ा, फिर कुछ नहीं। वह कानन एकाएक शून्य हो गया। न तो वह शब्द ही है और न तो पत्थरों से अग्नि-स्फुलिंग निकलते हैं।

अकस्मात् उस खिड़की में से एक सुन्दर मुख निकला। उसने आलोक डालकर देखा कि रसिया

एक पात्र हाथ में लिये है और कुछ कह रहा है। इसके उपरान्त वह उस पात्र को पी गया और थोड़ी देर में वह उसी शिलाखंड पर गिर पड़ा। यह देख उस मुख से भी एक हल्का चीत्कार निकल गया। खिडक़ी बंद हो गयी। फिर केवल अन्धकार रह गया।

५

प्रभात का मलय-मारुत उस अर्बुद-गिरि के कानन में वैसी क्रीड़ा नहीं कर रहा है, जैसी पहले करता था। दिवाकर की किरण भी कुछ प्रभात के मिस से मन्द और मलिन हो रही है। एक शव के समीप एक पुरुष खड़ा है, और उसकी आँखों से अश्रुधारा बह रही है, और वह कह रहा है-बलवंत! ऐसी शीघ्रता क्या थी, जो तुमने ऐसा किया? यह अर्बुद-गिरि का प्रदेश तो कुछ समय में यह वृद्ध तुम्हीं को देता, और तुम उसमें चाहे जिस स्थान पर अच्छे पर्यंक पर सोते। फिर, ऐसे क्यों पड़े हो? वत्स! यह तो केवल तुम्हारी परीक्षा[1] थी, यह तुमने क्या किया?

इतने में एक सुन्दरी विमुक्त-कुन्तला-जो कि स्वयं राजकुमारी थी-दौड़ी हुई आयी और उस शव को देखकर ठिठक गयी, नतजानु होकर उस पुरुष का, जो कि महाराज थे और जिसे इस समय तक राजकुमारी पहचान न सकी थी-चरण धरकर बोली-महात्मन् ! क्या व्यक्ति ने, जो यहाँ पड़ा है, मुझे कुछ देने के लिए आपको दिया है? या कुछ कहा है?

महाराज ने चुपचाप अपने वस्त्र में से एक वस्त्र का टुकड़ा निकालकर दे दिया। उस पर लाल अक्षरों में कुछ लिखा था। उस सुन्दरी ने उसे देखा और देखकर कहा-कृपया आप ही पढ़ दीजिये।

महाराज ने उसे पढ़ा। उसमें लिखा था-"मैं नहीं जानता था कि तुम इतनी निठुर हो। अस्तु; अब मैं यहीं रहूँगा; पर याद रखना; मैं तुमसे अवश्य मिलूँगा, क्योंकि मैं तुम्हें नित्य देखना चाहता हूँ, और ऐसे स्थान में देखूँगा, जहाँ कभी पलक गिरती ही नहीं।

तुम्हारा दर्शनाभिलाषी-
रसिया"

इसी समय महाराज को सुन्दरी पहचान गयी, और फिर चरण धरकर बोली-पिताजी, क्षमा करना। और, शीघ्रतापूर्वक रसिया के कर-स्थित पात्र को लेकर अवशेष पी गयी और गिर पड़ी। केवल उसके मुख से इतना निकला-'पिताजी, क्षमा करना।' महाराज देख रहे थे!

---

[1]   वास्तव में वह शब्द कुक्कुट का नहीं बल्कि छद्म-वेशिनी महारानी का था, जो कि बलवंत सिंह ऐसे दीन व्यक्ति से अपनी कुसुम-कुमारी के पाणिग्रहण की अभिलाषा नहीं रखती थी। किन्तु महाराज इससे अनभिज्ञ थे।

शरणागत

१

प्रभात-कालीन सूर्य की किरणें अभी पूर्व के आकाश में नहीं दिखाई पड़ती हैं। ताराओं का क्षीण प्रकाश अभी अम्बर में विद्यमान है। यमुना के तट पर दो-तीन रमणियाँ खड़ी हैं, और दो-यमुना की उन्हीं क्षीण लहरियों में, जो कि चन्द्र के प्रकाश से रंजित हो रही हैं-स्नान कर रही हैं। अकस्मात् पवन बड़े वेग से चलने लगा। इसी समय एक सुन्दरी, जो कि बहुत ही सुकुमारी थी, उन्हीं तरंगों से निमग्न हो गयी। दूसरी, जो कि घबड़ाकर निकलना चाहती थी, किसी काठ का सहारा पाकर तट की ओर खड़ी हुई अपनी सखियों में जा मिली। पर वहाँ सुकुमारी नहीं थी। सब रोती हुई यमुना के तट पर घूमकर उसे खोजने लगीं।

अन्धकार हट गया। अब सूर्य भी दिखाई देने लगे। कुछ ही देर में उन्हें, घबड़ाई हुई स्त्रियों को आश्वासन देती हुई, एक छोटी-सी नाव दिखाई दी। उन सखियों ने देखा कि वह सुकुमारी उसी नाव पर एक अंग्रेज और एक लेडी के साथ बैठी हुई है।

तट पर आने पर मालूम हुआ कि सिपाही-विद्रोह की गड़बड़ से भागे हुए एक सम्भ्रान्त योरोपियन-दम्पति उस नौका के आरोही हैं। उन्होंने सुकुमारी को डूबते हुए बचाया है और इसे पहुँचाने के लिये वे लोग यहाँ तक आये हैं।

सुकुमारी को देखते ही सब सखियों ने दौड़कर उसे घेर लिया और उससे लिपट-लिपटकर रोने लगीं। अंग्रेज और लेडी दोनों ने जाना चाहा, पर वे स्त्रियाँ कब मानने वाली थीं? लेडी साहिबा को रुकना पड़ा। थोड़ी देर में यह खबर फैल जाने से उस गाँव के जमींदार ठाकुर किशोर सिंह भी उस स्थान पर आ गये। अब, उनके अनुरोध करने से, विल्फर्ड और एलिस को उनका आतिथ्य स्वीकार करने के लिये विवश होना पड़ा क्योंकि सुकुमारी, किशोर सिंह की ही स्त्री थी, जिसे उन लोगों ने बचाया था।

२

चन्दनपुर के जमींदार के घर में, जो यमुना-तट पर बना हुआ है, पाईबाग के भीतर, एक रविश में चार कुर्सियाँ पड़ी हैं। एक पर किशोर सिंह और दो कुर्सियों पर विल्फर्ड और एलिस बैठे हैं, तथा चौथी कुर्सी के सहारे सुकुमारी खड़ी है। किशोर सिंह मुस्करा रहे हैं, और एलिस आश्चर्य की दृष्टि से सुकुमारी को देख रही है।

विल्फर्ड उदास हैं और सुकुमारी मुख नीचा किये हुए है। सुकुमारी ने कनखियों से किशोर सिंह की ओर देखकर सिर झुका लिया।

एलिस-(किशोर सिंह से) बाबू साहब, आप इन्हें बैठने की इजाजत दें।

किशोर सिंह-मैं क्या मना करता हूँ?

एलिस-(सुकुमारी को देखकर) फिर वह क्यों नहीं बैठतीं?

किशोर सिंह-आप कहिये, शायद बैठ जायँ।

विल्फर्ड-हाँ, आप क्यों खड़ी हैं?

बेचारी सुकुमारी लज्जा से गड़ी जाती थी।

एलिस-(सुकुमारी की ओर देखकर) अगर आप न बैठेंगी, तो मुझे बहुत रंज होगा।

किशोर सिंह-यों न बैठेंगी, हाथ पकड़कर बिठाइये।

एलिस सचमुच उठी, पर सुकुमारी एक बार किशोर सिंह की ओर वक्र दृष्टि से देखकर हँसती हुई पास की बारहदरी में भागकर चली गयी, किन्तु एलिस ने पीछा न छोड़ा। वह भी वहाँ पहुँची, और उसे पकड़ा। सुकुमारी एलिस को देख गिड़-गिड़ाकर बोली-क्षमा कीजिये, हम लोग पति के सामने कुर्सी पर नहीं बैठतीं, और न कुर्सी पर बैठने का अभ्यास ही है।

एलिस चुपचाप खड़ी रह गयी, यह सोचने लगी कि-क्या सचमुच पति के सामने कुर्सी पर न बैठना चाहिये। फिर उसने सोचा-यह बेचारी जानती ही नहीं कि कुर्सी पर बैठने में क्या सुख है?

३

चन्दनपुर के जमींदार के यहाँ आश्रय लिये हुए योरोपियन-दम्पति सब प्रकार सुख से रहने पर भी सिपाहियों का अत्याचार सुनकर शंकित रहते थे। दयालु किशोर सिंह यद्यपि उन्हें बहुत आश्वासन देते, तो भी कोमल प्रकृति की सुन्दरी एलिस सदा भयभीत रहती थी।

दोनों दम्पति कमरे में बैठे हुए यमुना का सुन्दर जल-प्रवाह देख रहे हैं। विचित्रता यह है कि 'सिगार' न मिल सकने के कारण विल्फर्ड साहब सटक के सड़ाके लगा रहे हैं। अभ्यास न होने के कारण सटक से उन्हें बड़ी अड़चन पड़ती थी, तिस पर सिपाहियों के अत्याचार का ध्यान उन्हें और भी उद्विग्न किये हुए था; क्योंकि एलिस का भय से पीला मुख उनसे देखा न जाता था।

इतने में बाहर कोलाहल सुनाई पड़ा। एलिस के मुख से 'ओ माई गाड' (Oh My God !) निकल पड़ा और भय से वह मूर्च्छित हो गयी। विल्फर्ड और किशोर सिंह ने एलिस को पलंग पर लिटाया, और आप 'बाहर क्या है' सो देखने के लिये चले।

विल्फर्ड ने अपनी राइफल हाथ में ली और साथ में जान चाहा, पर किशोर सिंह ने उन्हें समझाकर बैठाला और आप खूँटी पर लटकती तलवार लेकर बाहर निकल गये।

किशोर सिंह बाहर आ गये, देखा तो पाँच कोस पर जो उनका सुन्दरपुर ग्राम है, उसे सिपाहियों ने लूट लिया और प्रजा दुखी होकर अपने जमींदार से अपनी दुःख-गाथा सुनाने आयी है। किशोर सिंह ने सबको आश्वासन दिया, और उनके खाने-पीने का प्रबन्ध करने के लिए कर्मचारियों को आज्ञा देकर आप विल्फर्ड और एलिस को देखने के लिये भीतर चले आये।

किशोर सिंह स्वाभाविक दयालु थे और उनकी प्रजा उन्हें पिता के समान मानती थी, और उनका उस प्रान्त में भी बड़ा सम्मान था। वह बहुत बड़े इलाकेदार होने के कारण छोटे-से राजा समझे जाते थे। उनका प्रेम सब पर बराबर था। किन्तु विल्फर्ड और सरला एलिस को भी वह बहुत चाहने लगे, क्योंकि प्रियतमा सुकुमारी की उन लोगों ने प्राण-रक्षा की थी।

४

किशोर सिंह भीतर आये। एलिस को देखकर कहा-डरने की कोई बात नहीं है। यह मेरी प्रजा थी, समीप के सुन्दरपुर गाँव में सब रहते हैं। उन्हें सिपाहियों ने लूट लिया है। उनका बंदोबस्त कर दिया गया है। अब उन्हें कोई तकलीफ नहीं।

एलिस ने लम्बी साँस लेकर आँख खोल दी, और कहा-क्या वे सब गये?

सुकुमारी-घबराओ मत, हम लोगों के रहते तुम्हारा कोई अनिष्ट नहीं हो सकता।

विल्फर्ड-क्या सिपाही रियासतों को लूट रहे हैं?

किशोर सिंह-हाँ, पर अब कोई डर नहीं है, वे लूटते हुए इधर से निकल गये।

विल्फर्ड-अब हमको कुछ डर नहीं है।

किशोर सिंह-आपने क्या सोचा?

विल्फर्ड-अब ये सब अपने भाइयों को लूटते हैं, तो शीघ्र ही अपने अत्याचार का फल पावेंगे और इनका किया कुछ न होगा।

किशोर सिंह ने गम्भीर होकर कहा-ठीक है।

एलिस ने कहा-मैं आज आप लोगों के संग भोजन करूँगी।

किशोर सिंह और सुकुमारी एक दूसरे का मुख देखने लगे। फिर किशोर सिंह ने कहा-बहुत अच्छा।

५

साफ दालान में दो कम्बल अलग-अलग दूरी पर बिछा दिये गये हैं। एक पर किशोर सिंह बैठे थे और दूसरे पर विल्फर्ड और एलिस; पर एलिस की दृष्टि बार-बार सुकुमारी को खोज रही थी और वह बार-बार यही सोच रही थी कि किशोर सिंह के साथ सुकुमारी अभी नहीं बैठी।

थोड़ी देर में भोजन आया, पर खानसामा नहीं। स्वयं सुकुमारी एक थाल लिये हैं और तीन-चार औरतों के हाथ में भी खाद्य और पेय वस्तुएँ हैं। किशोर सिंह के इशारा करने पर सुकुमारी ने वह थाल एलिस के सामने रखा, और इसी तरह विल्फर्ड और किशोर सिंह को परस दिया गया। पर किसी ने भोजन करना नहीं आरम्भ किया।

एलिस ने सुकुमारी से कहा-आप क्या यहाँ भी न बैठेंगी? क्या यहाँ भी कुर्सी है?

सुकुमारी-परसेगा कौन?

एलिस-खानसामा।

सुकुमारी-क्यों, क्या मैं नहीं हूँ?

किशोर सिंह-जिद न कीजिये, यह हमारे भोजन कर लेने पर भोजन करती हैं।

एलिस ने आश्चर्य और उदासी-भरी एक दृष्टि सुकुमारी पर डाली। एलिस को भोजन कैसा लगा, सो नहीं कहा जा सकता।

६

भारत में शान्ति स्थापित हो गयी है। अब विल्फर्ड और एलिस अपनी नील की कोठी पर वापस जाने वाले हैं। चन्दनपुर में उन्हें बहुत दिन रहना पड़ा। नील-कोठी वहाँ से दूर है।

दो घोड़े सजे-सजाये खड़े हैं और किशोर सिंह के आठ सशस्त्र सिपाही उनको पहुँचाने के लिए उपस्थित हैं। विल्फर्ड साहब किशोर सिंह से बात-चीत करके छुट्टी पा चुके हैं। केवल एलिस अभी तक भीतर से नहीं आयी। उन्हीं के आने की देर है।

विल्फर्ड और किशोर सिंह पाई-बाग में टहल रहे थे। इतने में सात-आठ स्त्रियों का झुंड मकान

से बाहर निकला। हैं! यह क्या? एलिस ने अपना गाउन नहीं पहना, उसके बदले फिरोजी रंग के रेशमी कपड़े का कामदानी लहँगा और मखमल की कंचुकी, जिसके सितारे रेशमी ओढ़नी के ऊपर से चमक रहे हैं। हैं! यह क्या? स्वाभाविक अरुण अधरों में पान की लाली भी है, आँखों में काजल की रेखा भी है, चोटी भी फूलों से गूँथी जा चुकी है, और मस्तक में सुन्दर सा बाल-अरुण का बिन्द भी तो है!

देखते ही किशोर सिंह खिलखिलाकर हँस पड़े, और विल्फर्ड तो भौंचक्के-से रह गये।

किशोर सिंह ने एलिस से कहा-आपके लिये भी घोड़ा तैयार है-पर सुकुमारी ने कहा-नहीं, इनके लिये पालकी मँगा दो।

सिकंदर की शपथ

१

सूर्य की चमकीली किरणों के साथ, यूनानियों के बरछे की चमक से 'मिंगलौर'-दुर्ग घिरा हुआ है। यूनानियों के दुर्ग तोड़नेवाले यन्त्र दुर्ग की दीवालों से लगा दिये गये हैं, और वे अपना कार्य बड़ी शीघ्रता के साथ कर रहे हैं। दुर्ग की दीवाल का एक हिस्सा टूटा और यूनानियों की सेना उसी भग्न मार्ग से जयनाद करती हुई घुसने लगी। पर वह उसी समय पहाड़ से टकराये हुए समुद्र की तरह फिरा दी गयी, और भारतीय युवक वीरों की सेना उनका पीछा करती हुई दिखाई पड़ने लगी। सिकंदर उनके प्रचण्ड अस्त्राघात को रोकता पीछे हटने लगा।

अफगानिस्तान में 'अश्वक' वीरों के साथ भारतीय वीर कहाँ से आ गये? यह शंका हो सकती है, किन्तु पाठकगण! वे निमन्त्रित होकर उनकी रक्षा के लिये सुदूर से आये हैं, जो कि संख्या में केवल सात हजार होने पर भी ग्रीकों की असंख्य सेना को बराबर पराजित कर रहे हैं।

सिकंदर को उस सामान्य दुर्ग के अवरोध में तीन दिन व्यतीत हो गये। विजय की सम्भावना नहीं है, सिकंदर उदास होकर कैम्प में लौट गया, और सोचने लगा। सोचने की बात ही है। ग़ाजा और परसिपोलिस आदि के विजेता को अफगानिस्तान के एक छोटे-से दुर्ग के जीतने में इतना परिश्रम उठाकर भी सफलता मिलती नहीं दिखाई देती, उलटे कई बार उसे अपमानित होना पड़ा।

बैठे-बैठे सिकंदर को बहुत देर हो गयी। अन्धकार फैलकर संसार को छिपाने लगा, जैसे कोई कपटाचारी अपनी मन्त्रणा को छिपाता हो। केवल कभी-कभी दो-एक उल्लू उस भीषण रणभूमि में अपने भयावह शब्द को सुना देते हैं। सिकंदर ने सीटी देकर कुछ इंगित किया, एक वीर पुरुष सामने दिखाई पड़ा। सिकंदर ने उससे कुछ गुप्त बातें कीं, और वह चला गया। अन्धकार घनीभूत हो जाने पर सिकंदर भी उसी ओर उठकर चला, जिधर वह पहला सैनिक जा चुका था।

२

दुर्ग के उस भाग में, जो टूट चुका था, बहुत शीघ्रता से काम लगा हुआ था, जो बहुत शीघ्र कल की लड़ाई के लिये प्रस्तुत कर दिया गया और सब लोग विश्राम करने के लिये चले गये। केवल एक मनुष्य उसी स्थान पर प्रकाश डालकर कुछ देख रहा है। वह मनुष्य कभी तो खड़ा रहता है और कभी अपनी प्रकाश फैलानेवाली मशाल को लिये हुए दूसरी ओर चला जाता है। उस समय उस घोर अन्धकार में उस भयावह दुर्ग की प्रकाण्ड छाया और भी स्पष्ट हो जाती है। उसी छाया में छिपा हुआ सिकंदर खड़ा है। उसके हाथ में धनुष और बाण है, उसके सब अस्त्र उसके पास हैं। उसका मुख यदि कोई इस समय प्रकाश में देखता, तो अवश्य कहता कि यह कोई बड़ी भयानक बात सोच रहा है, क्योंकि उसका सुन्दर मुखमण्डल इस समय विचित्र भावों से भरा है। अकस्मात् उसके मुख से एक प्रसन्नता का चीत्कार निकल पड़ा, जिसे उसने बहुत व्यग्र होकर छिपाया।

समीप की झाड़ी से एक दूसरा मनुष्य निकल पड़ा, जिसने आकर सिकंदर से कहा-देर न कीजिये, क्योंकि यह वही है।

सिकंदर ने धनुष को ठीक करके एक विषमय बाण उस पर छोड़ा और उसे उसी दुर्ग पर टहलते हुए मनुष्य की ओर लक्ष्य करके छोड़ा। लक्ष्य ठीक था, वह मनुष्य लुढ़ककर नीचे आ रहा। सिकंदर और उसके साथी ने झट जाकर उसे उठा लिया, किन्तु उसके चीत्कार से दुर्ग पर का एक प्रहरी झुककर देखने लगा। उसने प्रकाश डालकर पूछा-कौन है?

उत्तर मिला-मैं दुर्ग से नीचे गिर पड़ा हूँ।

प्रहरी ने कहा-घबड़ाइये मत, मैं डोरी लटकाता हूँ।

डोरी बहुत जल्द लटका दी गयी, अफगान वेशधारी सिकंदर उसके सहारे ऊपर चढ़ गया। ऊपर जाकर सिकंदर ने उस प्रहरी को भी नीचे गिरा दिया, जिसे उसके साथी ने मार डाला और उसका वेश आप लेकर उस सीढ़ी से ऊपर चढ़ गया। जाने के पहले उसने अपनी छोटी-सी सेना को भी उसी जगह बुला लिया और धीरे-धीरे उसी रस्सी की सीढ़ी से वे सब ऊपर पहुँचा दिये गये।

३

दुर्ग के प्रकोष्ठ में सरदार की सुन्दर पत्नी बैठी हुई है। मदिरा-विलोल दृष्टि से कभी दर्पण में अपना सुन्दर मुख और कभी अपने नवीन नील वसन को देख रही है। उसका मुख लालसा की मदिरा से चमक-चमक कर उसकी ही आँखों में चकाचौंध पैदा कर रहा है। अकस्मात् ‘प्यारे सरदार’, कहकर वह चौंक पड़ी, पर उसकी प्रसन्नता उसी क्षण बदल गयी, जब उसने सरदार के वेश में दूसरे को देखा। सिकंदर का मानुषिक सौन्दर्य कुछ कम नहीं था, अबला-हृदय को और भी दुर्बल बना देने के लिये वह पर्याप्त था। वे एक-दूसरे को निर्निमेष दृष्टि से देखने लगे। पर अफगान-रमणी की शिथिलता देर तक न रही, उसने हृदय के सारे बल को एकत्र करके पूछा-तुम कौन हो?

उत्तर मिला-शाहंशाह सिकंदर।

रमणी ने पूछा-यह वस्त्र किस तरह मिला?

सिकंदर ने कहा-सरदार को मार डालने से।

रमणी के मुख से चीत्कार के साथ ही निकल पड़ा-क्या सरदार मारा गया?

सिकंदर-हाँ, अब वह इस लोक में नहीं है।

रमणी ने अपना मुख दोनों हाथों से ढक लिया, पर उसी क्षण उसके हाथ में एक चमकता हुआ छुरा दिखाई देने लगा।

सिकंदर घुटने के बल बैठ गया और बोला-सुन्दरी! एक जीव के लिये तुम्हारी दो तलवारें बहुत थीं, फिर तीसरी की क्या आवश्यकता है?

रमणी की दृढ़ता हट गयी, और न जाने क्यों उसके हाथ का छुरा छटककर गिर पड़ा, वह भी घुटनों के बल बैठ गयी।

सिकंदर ने उसका हाथ पकड़कर उठाया। अब उसने देखा कि सिकंदर अकेला नहीं है, उसके बहुत से सैनिक दुर्ग पर दिखाई दे रहे हैं। रमणी ने अपना हृदय दृढ़ किया और संदूक खोलकर एक जवाहिरात का डिब्बा ले आकर सिकंदर के आगे रक्खा। सिकंदर ने उसे देखकर कहा-मुझे इसकी आवश्यकता नहीं है, दुर्ग पर मेरा अधिकार हो गया, इतना ही बहुत है।

दुर्ग के सिपाही यह देखकर कि शत्रु भीतर आ गया है, अस्त्र लेकर मारपीट करने पर तैयार हो गये। पर सरदार-पत्नी ने उन्हें मना किया, क्योंकि उसे बतला दिया गया था कि सिकंदर की विजयवाहिनी दुर्ग के द्वार पर खड़ी है।

सिकंदर ने कहा-तुम घबड़ाओ मत, जिस तरह से तुम्हारी इच्छा होगी, उसी प्रकार सन्धि के

नियम बनाये जायँगे। अच्छा, मैं जाता हूँ।

अब सिकंदर को थोड़ी दूर तक सरदार-पत्नी पहुँचा गयी। सिकंदर थोड़ी सेना छोड़कर आप अपने शिविर में चला गया।

४

सन्धि हो गयी। सरदार-पत्नी ने स्वीकार कर लिया कि दुर्ग सिकंदर के अधीन होगा। सिकंदर ने भी उसी को यहाँ की रानी बनाया और कहा-भारतीय योद्धा जो तुम्हारे यहाँ आये हैं, वे अपने देश को लौटकर चले जायँ। मैं उनके जाने में किसी प्रकार की बाधा न डालूँगा। सब बातें शपथपूर्वक स्वीकार कर ली गयीं।

राजपूत वीर अपने परिवार के साथ उस दुर्ग से निकल पड़े, स्वदेश की ओर चलने के लिए तैयार हुए। दुर्ग के समीप ही एक पहाड़ी पर उन्होंने अपना डेरा जमाया और भोजन करने का प्रबन्ध करने लगे।

भारतीय रमणियाँ जब अपने प्यारे पुत्रों और पतियों के लिये भोजन प्रस्तुत कर रहीं थीं, तो उनमें उस अफगान-रमणी के बारे में बहुत बातें हो रही थीं, और वे सब उसे बड़ी घृणा की दृष्टि से देखने लगीं, क्योंकि उसने एक पति-हत्याकारी को आत्म-समर्पण कर दिया था। भोजन के उपरान्त जब सब सैनिक विराम करने लगे तब युद्ध की बातें कहकर अपने चित्त को प्रसन्न करने लगे। थोड़ी देर नहीं बीती थी कि एक ग्रीक अश्वारोही उनके समीप आता दिखाई पड़ा, जिसे देखकर एक राजपूत युवक उठ खड़ा हुआ और उसकी प्रतीक्षा करने लगा।

ग्रीक सैनिक उसके समीप आकर बोला-शाहंशाह सिकंदर ने तुम लोगों को दया करके अपनी सेना में भरती करने का विचार किया है। आशा है कि इस सम्वाद से तुम लोग बहुत प्रसन्न होगे।

युवक बोल उठा-इस दया के लिये हम लोग कृतज्ञ हैं, पर अपने भाइयों पर अत्याचार करने में ग्रीकों का साथ देने के लिए हम लोग कभी प्रस्तुत नहीं हैं।

ग्रीक-तुम्हें प्रस्तुत होना चाहिये, क्योंकि शाहंशाह सिकंदर की आज्ञा है।

युवक-नहीं महाशय, क्षमा कीजिये। हम लोग आशा करते हैं कि सन्धि के अनुसार हम लोग अपने देश को शान्तिपूर्वक लौट जायेंगे, इसमें बाधा न डाली जायगी।

ग्रीक-क्या तुम लोग इस बात पर दृढ़ हो? एक बार और विचार कर उत्तर दो, क्योंकि उसी उत्तर पर तुम लोगों का जीवन-मरण निर्भर होगा।

इस पर कुछ राजपूतों ने समवेत स्वर से कहा-हाँ-हाँ, हम अपनी बात पर दृढ़ हैं, किन्तु सिकंदर, जिसने देवताओं के नाम से शपथ ली है, अपनी शपथ को न भूलेगा।

ग्रीक-सिकंदर ऐसा मूर्ख नहीं है कि आये हुए शत्रुओं को और दृढ़ होने का अवकाश दे। अस्तु, अब तुम लोग मरने के लिए तैयार हो।

इतना कहकर वह ग्रीक अपने घोड़े को घुमाकर सीटी बजाने लगा, जिसे सुनकर अगणित ग्रीक-सेना उन थोड़े से हिन्दओं पर टूट पड़ी।

इतिहास इस बात का साक्षी है कि उन्होंने प्राण-प्रण से युद्ध किया और जब तक कि उनमें एक भी बचा, बराबर लड़ता गया। क्यों न हो, जब उनकी प्यारी स्त्रियाँ उन्हें अस्त्रहीन देखकर तलवार देती थीं और हँसती हुई अपने प्यारे पतियों की युद्ध क्रिया देखती थीं। रणचण्डियाँ भी अकर्मण्य न रहीं, जीवन देकर अपना धर्म रखा। ग्रीकों की तलवारों ने उनके बच्चों को भी रोने न दिया, क्योंकि पिशाच सैनिकों के हाथ सभी मारे गये।

अज्ञात स्थान में निराश्रय होकर उन सब वीरों ने प्राण दिये। भारतीय लोग उनका नाम भी नहीं जानते!

चित्तौर-उद्धार

१

दीपमालाएँ आपस में कुछ हिल-हिलकर इंगित कर रही हैं, किन्तु मौन हैं। सज्जित मन्दिर में लगे हुए चित्र एकटक एक-दूसरे को देख रहे हैं, शब्द नहीं हैं। शीतल समीर आता है, किन्तु धीरे-से वातायन-पथ के पार हो जाता है, दो सजीव चित्रों को देखकर वह कुछ नहीं कह सकता है। पर्यंक पर भाग्यशाली मस्तक उन्नत किये हुए चुपचाप बैठा हुआ युवक, स्वर्ण-पुत्तली की ओर देख रहा है, जो कोने में निर्वात दीपशिखा की तरह प्रकोष्ठ को आलोकित किये हुए है। नीरवता का सुन्दर दृश्य, भाव-विभोर होने का प्रत्यक्ष प्रमाण, स्पष्ट उस गृह में आलोकित हो रहा है।

अकस्मात् गम्भीर कण्ठ से युवक उद्वेग में भर बोल उठा-सुन्दरी! आज से तुम मेरी धर्म-पत्नी हो, फिर मुझसे संकोच क्यों?

युवती कोकिल-स्वर से बोली-महाराजकुमार! यह आपकी दया है, जो दासी को अपनाना चाहते हैं, किन्तु वास्तव में दासी आपके योग्य नहीं है।

युवक-मेरी धर्मपरिणीता वधू, मालदेव की कन्या अवश्य मेरे योग्य है। यह चाटूक्ति मुझे पसन्द नहीं। तुम्हारे पिता ने, यद्यपि वह मेरे चिर-शत्रु हैं, तुम्हारे ब्याह के लिए नारियल भेजा, और मैंने राजपूत धर्मानुसार उसे स्वीकार किया, फिर भी तुम्हारी-ऐसी सुन्दरी को पाकर हम प्रवञ्चित नहीं हुए और इसी अवसर पर अपने पूर्व-पुरुषों की जन्मभूमि का भी दर्शन मिला।

'उदारहृदय राजकुमार! मुझे क्षमा कीजिये। देवता से छलना मनुष्य नहीं कर सकता। मैं इस सम्मान के योग्य नहीं कि पर्यंक पर बैठूँ, किन्तु चरण-प्रान्त में बैठकर एक बार नारी-जीवन का स्वर्ग भोग कर लेने में आपके-ऐसे देवता बाधा न देंगे।'

इतना कहकर युवती ने पर्यंक से लटकते हुए राजकुमार के चरणों को पकड़ लिया।

वीर कुमार हम्मीर अवाक् होकर देखने लगे। फिर उसका हाथ पकड़कर पास में बैठा लिया। राजकुमारी शीघ्रता से उतरकर पलंग के नीचे बैठ गयी।

दाम्पत्य-सुख से अपरिचित कुमार की भँवे कुछ चढ़ गयीं, किन्तु उसी क्षण यौवन के नवीन उल्लास ने उन्हें उतार दिया। हम्मीर ने कहा-फिर क्यों तुम इतना उत्कण्ठित कर रही हो? सुन्दरी! कहो, क्या बात है?

राजकुमारी-मैं विधवा हूँ। सात वर्ष की अवस्था में, सुना है कि मेरा ब्याह हुआ और आठवें वर्ष विधवा हुई। यह भी सुना है कि विधवा का शरीर अपवित्र होता है। तब, जगत्पवित्र शिशौदिया-कुल के कुमार को छूने का कैसे साहस कर सकती हूँ?

हम्मीर-हैं! तुम क्या विधवा हो? फिर तुम्हारा ब्याह पिता ने क्यों किया?

राजकुमारी-केवल देवता को अपमानित करने के लिये।

हम्मीर की तलवार में स्वयं एक झनकार उत्पन्न हुई। फिर भी उन्होंने शान्त होकर कहा-अपमान

इससे नहीं होता, किन्तु परिणीता वधू को छोड़ देने में अवश्य अपमान है।

राजकुमारी-प्रभो! पतिता को लेकर आप क्यों कलंकित होते हैं?

हम्मीर ने मुस्कुराकर कहा-ऐसे निर्दोष और सच्चे रत्न को लेकर कौन कलंकित हो सकता है?

राजकुमारी संकुचित हो गयी। हम्मीर ने हाथ पकड़कर उठाकर पलँग पर बैठाया, और कहा-आओ, तुम्हें मुझसे-समाज, संसार-कोई भी नहीं अलग कर सकता।

राजकुमारी ने वाष्परुद्ध कण्ठ से कहा-इस अनाथिनी को सनाथ करके आपने चिर-ऋणी बनाया, और विह्वल होकर हम्मीर के अंक में सिर रख दिया।

२

कैलवाड़ा-प्रदेश के छोटे-से दुर्ग के एक प्रकोष्ठ में राजकुमार हम्मीर बैठे हुए चिन्ता में निमग्न हैं। सोच रहे थे-जिस दिन मुंज का सिर मैंने काटा, उसी दिन एक भारी बोझ मेरे सिर दिया गया, वह पितृव्य का दिया हुआ महाराणा-वंश का राजतिलक है, उसका पूरा निर्वाह जीवन भर करना कर्तव्य है। चित्तौर का उद्धार करना ही मेरा प्रधान लक्ष्य है। पर देखूँ, ईश्वर कैसे इसे पूरा करता है। इस छोटी-सी सेना से, यथोचित धन का अभाव रहते, वह क्योंकर हो सकता है? रानी मुझे चिन्ताग्रस्त देखकर यही समझती है कि विवाह ही मेरे चिन्तित होने का कारण है। मैं उसकी ओर देखकर मालदेव पर कोई अत्याचार करने पर संकुचित होता हूँ। ईश्वर की कृपा से एक पुत्र भी हुआ, किन्तु मुझे नित्य चिन्तित देखकर रानी पिता के यहाँ चली गयी है। यद्यपि देवता-पूजन करने के लिये ही वहाँ उनका जाना हुआ है, किन्तु मेरी उदासीनता भी कारण है। भगवान एकलिंगेश्वर कैसे इस दु:साध्य कार्य को पूर्ण करते हैं, यह वही जानें।

इसी तरह की अनेक विचार-तरंगें मानस में उठ रही थीं। सन्ध्या की शोभा सामने की गिरि-श्रेणी पर अपनी लीला दिखा रखी है, किन्तु चिन्तित हम्मीर को उसका आनन्द नहीं। देखते-देखते अन्धकार ने गिरिप्रदेश को ढँक लिया। हम्मीर उठे, वैसे ही द्वारपाल ने आकर कहा-महाराज विजयी हों। चित्तौर से एक सैनिक, महारानी का भेजा हुआ, आया है।

थोड़ी ही देर में सैनिक लाया गया और अभिवादन करने के बाद उसने एक पत्र हम्मीर के हाथ में दिया। हम्मीर ने उसे लेकर सैनिक को विदा किया, और पत्र पढ़ने लगे-

प्राणनाथ जीवनसर्वस्व के चरणों में
कोटिश: प्रणाम।

देव! आपकी कृपा ही मेरे लिये कुशल है। मुझे यहाँ आये इतने दिन हुए, किन्तु एक बार भी आपने पूछा नहीं। इतनी उदासीनता क्यों? क्या, साहस में भरकर जो मुझे आपने स्वीकार किया, उसका प्रतिकार कर रहे हैं? देवता! ऐसा न चाहिये। मेरा अपराध ही क्या? मैं आपका चिन्तित मुख नहीं देख सकती, इसीलिए कुछ दिनों के लिए यहाँ चली आयी हूँ, किन्तु बिना उस मुख के देखे भी शान्ति नहीं। अब कहिये, क्या करूँ? देव! जिस भूमि की दर्शनाभिलाषा ने ही आपको मुझसे ब्याह करने के लिये बाध्य किया, उसी भूमि में आने से मेरा हृदय अब कहता है कि आप ब्याह करके नहीं पश्चात्ताप कर रहे हैं, किन्तु आपकी उदासीनता केवल चित्तौर-उद्धार के लिये है। मैं इसमें बाधा-स्वरूप आपको दिखाई पड़ती हूँ। मेरे ही स्नेह से आप पिता के ऊपर चढ़ाई नहीं कर सकते, और पितरों के ऋण से उद्धार नहीं पा रहे हैं। इस जन्म में तो आपसे उद्धार नहीं हो सकती और होने की इच्छा भी नहीं-कभी, किसी भी जन्म में। चित्तौर-अधिष्ठात्री देवी ने मुझे स्वप्न में जो आज्ञा दी है, मैं उसी कार्य के लिये रुकी हूँ। पिता इस समय चित्तौर में नहीं हैं, इससे यह न समझिये कि मैं आपको कायर समझती हूँ, किन्तु इसलिये कि युद्ध में उनके न रहने से उनकी कोई शारीरिक क्षति नहीं होगी। मेरे कारण जिसे आप बचाते हैं, वह बात बच जायेगी। सरदारों से रक्षित चित्तौर-दुर्ग के वीर सैनिकों के

साथ सम्मुख युद्ध में इस समय विजय प्राप्त कर सकते हैं। मुझे निश्चय है, भवानी आपकी रक्षा करेगी। और, मुझे चित्तौर से अपने साथ लिवा न जाकर यहीं सिंहासन पर बैठिये। दासी चरण-सेवा करके कृतार्थ होगी।

३

चित्तौर-दुर्ग के सिंहद्वार पर एक सहस्र राजपूत-सवार और उतने ही भील-धनुर्धर पदातिक उन्मुक्त शस्त्र लिये हुए महाराणा हम्मीर की जय का भीम-नाद कर रहे हैं।

दुर्ग-रक्षक सचेष्ट होकर बुर्जियों पर से अग्नि-वर्षा करा रहा है, किन्तु इन दृढ़ प्रतिज्ञ वीरों को हटाने में असमर्थ है। दुर्गद्वार बंद है। आक्रमणकारियों के पास दुर्गद्वार तोड़ने का कोई साधन नहीं है, तो भी वे अदम्य उत्साह से आक्रमण कर रहे हैं। वीर हम्मीर कतिपय उत्साही वीरों के साथ अग्रसर होकर प्राचीर पर चढ़ने का उद्योग करने लगे, किन्तु व्यर्थ, कोई फल नहीं हुआ। भीलों की बाण-वर्षा से हम्मीर का शत्रुपक्ष निर्बल होता था, पर वे सुरक्षित थे। चारों ओर भीषण हत्याकाण्ड हो रहा है। अकस्मात् दुर्ग का सिंहद्वार सशब्द खुला।

हम्मीर की सेना ने समझा कि शत्रु मैदान में, युद्ध करने के लिये आ गये, बड़े उल्लास से आक्रमण किया गया। किन्तु देखते हैं तो सामने एक सौ क्षत्राणियाँ हाथ में तलवार लिये हुए दुर्ग के भीतर खड़ी हैं! हम्मीर पहले तो संकुचित हुए, फिर जब देखा कि स्वयं राजकुमारी ही उन क्षत्राणियों की नेत्री हैं और उनके हाथ में भी तलवार है, तो वह आगे बढ़े। राजकुमारी ने प्रणाम करके तलवार महाराणा के हाथों में दे दी, राजपूतों ने भीम-नाद के साथ 'एकलिंग की जय' घोषित किया।

वीर हम्मीर अग्रसर नहीं हो रहे हैं। दुर्ग से रक्षक ससैन्य उसी स्थान पर आ गया, किन्तु वहाँ का दृश्य देखकर वह भी अवाक् हो गया। हम्मीर ने कहा—सेनापते! मैं इस तरह दुर्ग-अधिकार पा तुम्हें बन्दी नहीं करना चाहता, तुम ससैन्य स्वतन्त्र हो। यदि इच्छा हो, तो युद्ध करो। चित्तौर-दुर्ग राणा-वंश का है। यदि हमारा होगा, तो एकलिंग-भगवान् की कृपा से उसे हम हस्तगत करेंगे ही।

दुर्ग-रक्षक ने कुछ सोचकर कहा—भगवान की इच्छा है कि आपको आपका पैतृक दुर्ग मिले, उसे कौन रोक सकता है? सम्भव है कि इसमें राजपूतों की भलाई हो। इससे बन्धुओं का रक्तपात हम नहीं कराना चाहते। आपको चित्तौर का सिंहासन सुखद हो, देश की श्री-वृद्धि हो, हिन्दुओं का सूर्य मेवाड़-गगन में एक बार फिर उदित हो। भील, राजपूत, शत्रुओं ने मिलकर महाराणा का जयनाद किया, दुन्दुभि बज उठी। मंगल-गान के साथ सपत्नीक हम्मीर पैतृक सिंहासन पर आसीन हुए। अभिवादन ग्रहण कर लेने पर महाराणा ने महिषी से कहा—क्या अब भी तुम कहोगी कि तुम हमारे योग्य नहीं हो?

अशोक

१

पूत-सलिला भागीरथी के तट पर चन्द्रालोक में महाराज चक्रवर्ती अशोक टहल रहे हैं। थोड़ी दूर पर एक युवक खड़ा है। सुधाकर की किरणों के साथ नेत्र-ताराओं को मिलाकर स्थिर दृष्टि से महाराज ने कहा-विजयकेतु, क्या यह बात सच है कि जैन लोगों ने हमारे बौद्ध-धर्माचार्य होने का जनसाधारण में प्रवाद फैलाकर उन्हें हमारे विरुद्ध उत्तेजित किया है और पौण्ड्रवर्धन में एक बुद्धमूर्ति तोड़ी गयी है?

विजयकेतु-महाराज, क्या आपसे भी कोई झूठ बोलने का साहस कर सकता है?

अशोक-मनुष्य के कल्याण के लिये हमने जितना उद्योग किया, क्या वह सब व्यर्थ हुआ? बौद्धधर्म को हमने क्यों प्रधानता दी? इसीलिये कि शान्ति फैलेगी, देश में द्वेष का नाम भी न रहेगा, और उसी शान्ति की छाया में समाज अपने वाणिज्य, शिल्प और विद्या की उन्नति करेगा। पर नहीं, हम देख रहे हैं कि हमारी कामना पूर्ण होने में अभी अनेक बाधाएँ हैं। हमें पहले उन्हें हटाकर मार्ग प्रशस्त करना चाहिये।

विजयकेतु-देव ! आपकी क्या आज्ञा है?

अशोक-विजयकेतु, भारत में एक समय वह था, जब कि इसी अशोक के नाम से लोग काँप उठते थे। क्यों? इसीलिये कि वह बड़ा कठोर शासक था। पर वही अशोक जब से बौद्ध कहकर सर्वत्र प्रसिद्ध हुआ है, उसके शासन को लोग कोमल कहकर भूलने लग गये हैं। अस्तु, तुमको चाहिये कि अशोक का आतंक एक बार फिर फैला दो; और यह आज्ञा प्रचारित कर दो कि जो मनुष्य जैनों का साथी होगा, वह अपराधी होगा; और जो एक जैन का सिर काट लावेगा, वह पुरस्कृत किया जावेगा।

विजयकेतु-(काँपकर) जो महाराज की आज्ञा!

अशोक-जाओ, शीघ्र जाओ।

विजयकेतु चला गया। महाराज अभी वहीं खड़े हैं। नूपुर का कलनाद सुनाई पड़ा। अशोक ने चौंककर देखा, तो बीस-पचीस दासियों के साथ महारानी तिष्यरक्षिता चली आ रही हैं।

अशोक-प्रिये! तुम यहाँ कैसे?

तिष्यरक्षिता-प्राणनाथ! शरीर से कहीं छाया अलग रह सकती है? बहुत देर हुई, मैंने सुना था कि आप आ रहे हैं; पर बैठे-बैठे जी घबड़ा गया कि आने में क्यों देर हो रही है। फिर दासी से ज्ञात हुआ कि आप महल के नीचे बहुत देर से टहल रहे हैं। इसीलिये मैं स्वयं आपके दर्शन के लिये चली आई। अब भीतर चलिये!

अशोक-मैं तो आ ही रहा था। अच्छा चलो।

अशोक और तिष्यरक्षिता समीप के सुन्दर प्रासाद की ओर बढ़े। दासियाँ पीछे थीं।

२

राजकीय कानन में अनेक प्रकार के वृक्ष, सुरभित सुमनों से भरे झूम रहे हैं। कोकिला भी कूक-कूक कर आम की डालों को हिलाये देती है। नव-वसंत का समागम है। मलयानिल इठलाता हुआ कुसुम-कलियों को ठुकराता जा रहा है।

इसी समय कानन-निकटस्थ शैल के झरने के पास बैठकर एक युवक जल-लहरियों की तरंग-भंगी देख रहा है। युवक बड़े सरल विलोकन से कृत्रिम जलप्रपात को देख रहा है। उसकी मनोहर लहरियाँ जो बहुत ही जल्दी-जल्दी लीन हो स्रोत में मिलकर सरल पथ का अनुकरण करती हैं, उसे बहुत ही भली मालूम हो रही हैं। पर युवक को यह नहीं मालूम कि उसकी सरल दृष्टि और सुन्दर अवयव से विवश होकर एक रमणी अपने परम पवित्र पद से च्युत होना चाहती है।

देखो, उस लता-कुंज में, पत्तियों की ओट में, दो नीलमणि के समान कृष्णतारा चमककर किसी अदृश्य आश्चर्य का पता बता रहे हैं। नहीं-नहीं, देखो, चन्द्रमा में भी कहीं तारे रहते हैं? वह तो किसी सुन्दरी के मुख-कमल का आभास है।

युवक अपने आनन्द में मग्न है। उसे इसका कुछ भी ध्यान नहीं है कि कोई व्याघ्र उसकी ओर अलक्षित होकर बाण चला रहा है। युवक उठा, और उसी कुंज की ओर चला। किसी प्रच्छन्न शक्ति की प्रेरणा से वह उसी लता-कुञ्ज की ओर बढ़ा। किन्तु उसकी दृष्टि वहाँ जब भीतर पड़ी, तो वह अवाक् हो गया। उसके दोनों हाथ आप जुट गये। उसका सिर स्वयं अवनत हो गया।

रमणी स्थिर होकर खड़ी थी। उसके हृदय में उद्वेग और शरीर में कम्प था। धीरे-धीरे उसके होंठ हिले और कुछ मधुर शब्द निकले। पर वे शब्द स्पष्ट होकर वायुमण्डल में लीन हो गये। युवक का सिर नीचे ही था। फिर युवती ने अपने को सम्भाला, और बोली-कुनाल, तुम यहाँ कैसे? अच्छे तो हो?

माताजी की कृपा से-उत्तर में कुनाल ने कहा।

युवती मन्द मुस्कान के साथ बोली-मैं तुम्हें देर से यहाँ छिप कर देख रही हूँ।

कुनाल-महारानी तिष्यरक्षिता को छिपकर मुझे देखने की क्या आवश्यकता है?

तिष्यरक्षिता-(कुछ कम्पित स्वर से) तुम्हारे सौन्दर्य से विवश होकर।

कुनाल-(विस्मित तथा भयभीत होकर) पुत्र का सौन्दर्य तो माता ही का दिया हुआ है।

तिष्यरक्षिता-नहीं कुनाल, मैं तुम्हारी प्रेम-भिखारिनी हूँ, राजरानी नहीं हूँ; और न तुम्हारी माता हूँ।

कुनाल-(कुंज से बाहर निकलकर) माताजी, मेरा प्रणाम ग्रहण कीजिए, और अपने इस पाप का शीघ्र प्रायश्चित कीजिये। जहाँ तक सम्भव होगा, अब आप इस पाप-मुख को कभी न देखेंगी।

इतना कहकर शीघ्रता से वह युवक राजकुमार कुनाल, अपनी विमाता की बात सोचता हुआ, उपवन के बाहर निकल गया। पर तिष्यरक्षिता किंकर्तव्यविमूढ़ होकर वहीं तब तक खड़ी रहीं, जब तक किसी दासी के भूषण-शब्द ने उसकी मोह-निद्रा को भंग नहीं किया।

३

श्रीनगर के समीपवर्ती कानन में एक कुटीर के द्वार पर कुनाल बैठा हुआ ध्यानमग्न है। उसकी सुशील पत्नी उसी कुटीर में कुछ भोजन बना रही है।

कुटीर स्वच्छ तथा उसकी भूमि परिष्कृत है। शान्ति की प्रबलता के कारण पवन भी उसी समय धीरे-धीरे चल रहा है।

किन्तु वह शान्ति देर तक न रही, क्योंकि एक दौड़ता हुआ मृगशावक कुनाल की गोद में आ

गिरा, जिससे उसके ध्यान में विघ्न हुआ, और वह खड़ा हो गया। कुनाल ने उस मृगशावक को देखकर समझा कि कोई व्याघ्र भी इसके पीछे आता ही होगा। पर जब कोई उसे न देख पड़ा, तो उसने उस मृगशावक को अपनी स्त्री 'धर्मरक्षिता' को देकर कहा-प्रिये! क्या तुम इसको बच्चे की तरह पालोगी?

धर्मरक्षिता-प्राणनाथ, हमारे ऐसे वनचारियों को ऐसे ही बच्चे चाहिये।

कुनाल-प्रिये! तुमको हमारे साथ बहुत कष्ट है।

धर्मरक्षिता-नाथ, इस स्थान पर यदि सुख न मिला, तो मैं समझूँगी कि संसार में भी कहीं सुख नहीं है।

कुनाल-किन्तु प्रिये, क्या तुम्हें वे सब राज-सुख याद नहीं आते? क्या उनकी स्मृति तुम्हें नहीं सताती? और, क्या तुम अपनी मर्म-वेदना से निकलते हुए आँसुओं को रोक नहीं लेतीं! या वे सचमुच हैं ही नहीं?

धर्मरक्षिता-प्राणधार! कुछ नहीं है। यह सब आपका भ्रम है। मेरा हृदय जितना इस शान्त वन में आनन्दित है, उतना कहीं भी न रहा। भला ऐसे स्वभाववर्धित, सरल-सीधे और सुमनवाले साथी कहाँ मिलते? ऐसी मृदुला लताएँ, जो अनायास ही चरण को चूमती हैं, कहाँ उस जनरव से भरे राजकीय नगर में मिली थीं? नाथ, और सच कहना, (मृग को चूमकर) ऐसा प्यारा शिशु भी तुम्हें आज तक कहीं मिला था? तिस पर भी आपको अपनी विमाता की कृपा से जो दुःख मिलता था, वह भी यहाँ नहीं है। फिर ऐसा सुखमय जीवन और कौन होगा?

कुनाल के नेत्र आँसुओं से भर आये, और वह उठकर टहलने लगे। धर्मरक्षिता भी अपने कार्य में लगी। मधुर पवन भी उस भूमि में उसी प्रकार चलने लगा। कुनाल का हृदय अशान्त हो उठा, और वह टहलता हुआ कुछ दूर निकल गया। जब नगर का समीपवर्ती प्रान्त उसे दिखाई पड़ा, तब वह रुक गया और उसी ओर देखने लगा।

४

पाँच-छः मनुष्य दौड़ते हुए चले आ रहे हैं। वे कुनाल के पास पहुँचना ही चाहते थे कि उनके पीछे बीस अश्वारोही देख पड़े। वे सब-के-सब कुनाल के समीप पहुँचे। कुनाल चकित दृष्टि से उन सबको देख रहा था।

आगे दौड़कर आनेवालों ने कहा-महाराज, हम लोगों को बचाइये।

कुनाल उन लोगों को पीछे करके आप आगे डटकर खड़ा हो गया। वे अश्वारोही भी उस युवक कुनाल के अपूर्व तेजोमय स्वरूप को देखकर सहमकर, उसी स्थान पर खड़े हो गये। कुनाल ने उन अश्वारोहियों से पूछा-तुम लोग इन्हें क्यों सता रहे हो? क्या इन लोगों ने कोई ऐसा कार्य किया है, जिससे ये लोग न्यायतः दण्डभागी समझे गये हैं?

एक अश्वारोही, जो उन लोगों का नायक था, बोला-हम लोग राजकीय सैनिक हैं, और राजा की आज्ञा से इन विधर्मी जैनियों का बध करने के लिये आये हैं। पर आप कौन हैं, जो महाराज चक्रवर्ती देवप्रिय अशोकदेव की आज्ञा का विरोध करने पर उद्यत हैं?

कुनाल-चक्रवर्ती अशोक! वह कितना बड़ा राजा है?

नायक-मूर्ख! क्या तू अभी तक महाराज अशोक का पराक्रम नहीं जानता, जिन्होंने अपने प्रचण्ड भुजदण्ड के बल से कलिंग-विजय किया है? और, जिनकी राज्य-सीमा दक्षिण में केरल और मलयगिरि, उत्तर में सिन्धुकोश-पर्वत, तथा पूर्व और पश्चिम में किरात-देश और पटल हैं! जिनकी मैत्री के लिये यवन-नृपति लोग उद्योग करते रहते हैं, उन महाराज को तू भलीभाँति नहीं जानता?

कुनाल-परन्तु इससे भी बड़ा कोई साम्राज्य है, जिसके लिये किसी राज्य की मैत्री की आवश्यकता नहीं है।

नायक-इस विवाद की आवश्यकता नहीं है, हम अपना काम करेंगे।

कुनाल-तो क्या तुम लोग इन अनाथ जीवों पर कुछ दया न करोगे?

इतना कहते-कहते राजकुमार को कुछ क्रोध आ गया, नेत्र लाल हो गये। नायक उस तेजस्वी मूर्ति को देखकर एक बार फिर सहम गया।

कुनाल ने कहा-अच्छा, यदि तुम न मानोगे, तो यहाँ के शासक से जाकर कहो कि राजकुमार कुनाल तुम्हें बुला रहे हैं।

नायक सिर झुकाकर कुछ सोचने लगा। तब उसने अपने एक साथी की ओर देखकर कहा- जाओ, इन बातों को कहकर, दूसरी आज्ञा लेकर जल्द आओ।

अश्वारोही शीघ्रता से नगर की ओर चला। शेष सब लोग उसी स्थान पर खड़े थे।

थोड़ी देर में उसी ओर से दो अश्वारोही आते हुए दिखाई पड़े। एक तो वही था,जो भेजा गया था, और दूसरा उस प्रदेश का शासक था। समीप आते ही वह घोड़े पर से उतर पड़ा और कुनाल का अभिवादन करने के लिए बढ़ा। पर कुनाल ने रोक कर कहा-बस, हो चुका, मैंने आपको इसलिये कष्ट दिया है कि इन निरीह मनुष्यों की हिंसा की जा रही है।

शासक-राजकुमार! आपके पिता की आज्ञा ही ऐसी है, और आपका यह वेश क्या है?

कुनाल-इसके पूछने की कोई आवश्यकता नहीं, पर क्या तुम इन लोगों को मेरे कहने से छोड़ सकते हो?

शासक-(दु:खित होकर) राजकुमार, आपकी आज्ञा हम कैसे टाल सकते हैं, (ठहरकर) पर एक और बड़े दु:ख की बात है।

कुनाल-वह क्या?

शासक ने एक पत्र अपने पास से निकालकर कुनाल को दिखलाया। कुनाल उसे पढ़कर चुप रहा, और थोड़ी देर के बाद बोला-तो तुमको इस आज्ञा का पालन अवश्य करना चाहिये।

शासक-पर, यह कैसे हो सकता है?

कुनाल-जैसे हो, वह तो तुम्हें करना ही होगा।

शासक-किन्तु राजकुमार, आपके इस देव-शरीर के दो नेत्र-रत्न निकालने का बल मेरे हाथों में नहीं है। हाँ, मैं अपने इस पद का त्याग कर सकता हूँ।

कुनाल-अच्छा, तो तुम मुझे इन लोगों के साथ महाराज के समीप भेज दो।

शासक ने कहा-जैसी आज्ञा।

५

पौण्ड्रवर्धन नगर में हाहाकार मचा हुआ है। नगर-निवासी प्राय: उद्विग्न हो रहे हैं। पर विशेषकर जैन लोगों ही में खलबली मची हुई है। जैन-रमणियाँ, जिन्होंने कभी घर के बाहर पैर भी नहीं रक्खा था, छोटे शिशुओं को लिये हुए भाग रही हैं। पर जायँ कहाँ? जिधर देखती हैं, उधर ही सशस्त्र उन्मत्त काल बौद्ध लोग उन्मत्तों की तरह दिखाई पड़ते हैं। देखो, वह स्त्री, जिसके केश परिश्रम से खुल गये हैं-गोद का शिशु अलग मचल कर रो रहा है, थककर एक वृक्ष के नीचे बैठ गयी है; अरे देखो! दुष्ट निर्दय वहाँ भी पहुँच गये, और उस स्त्री को सताने लगे।

युवती ने हाथ जोड़कर कहा-आप लोग दु:ख मत दीजिये। फिर उसने एक-एक करके अपने सब आभूषण उतार दिये और वे दुष्ट उन सब अलंकारों को लेकर भाग गये। इधर वह स्त्री निद्रा से क्लान्त होकर उसी वृक्ष के नीचे सो गयी।

उधर देखिये, वह एक रथ चला जा रहा है, और उसके पर्दे हटाकर बता रहे हैं कि उसमें स्त्री और पुरुष तीन-चार बैठे हैं। पर सारथी उस ऊँची-नीची पथरीली भूमि में भी उन लोगों की ओर बिना ध्यान दिये रथ शीघ्रता से लिये जा रहा है। सूर्य की किरणें पश्चिम में पीली हो गयी हैं। चारों ओर उस पथ में शान्ति है। केवल उसी रथ का शब्द सुनाई पड़ता है, जो अभी उत्तर की ओर चला जा रहा है।

थोड़ी ही देर में वह रथ सरोवर के समीप पहुँचा और रथ के घोड़े हाँफते हुए थककर खड़े हो गये। अब सारथी भी कुछ न कर सका और उसको रथ के नीचे उतरना पड़ा।

रथ को रुका जानकर भीतर से एक पुरुष निकला और उसने सारथी से पूछा-क्यों, तुमने रथ क्यों रोक दिया?

सारथी-अब घोड़े नहीं चल सकते।

पुरुष-तब तो फिर बड़ी विपत्ति का सामना करना होगा; क्योंकि पीछा करने वाले उन्मत्त सैनिक आ ही पहुँचेंगे।

सारथी-तब क्या किया जाय? (सोचकर) अच्छा, आप लोग इस समीप की कुटी में चलिये, यहाँ कोई महात्मा हैं, वह अवश्य आप लोगों को आश्रय देंगे।

पुरुष ने कुछ सोचकर सब आरोहियों को रथ पर से उतारा, और वे सब लोग उसी कुटी की ओर अग्रसर हुए।

कुटी के बाहर एक पत्थर पर अधेड़ मनुष्य बैठा हुआ है। उसका परिधेय वस्त्र भिक्षुओं के समान है। रथ पर के लोग उसी के सामने जाकर खड़े हुए। उन्हें देखकर वह महात्मा बोले-आप लोग कौन हैं और क्यों आये हैं?

उसी पुरुष ने आगे बढ़कर, हाथ जोड़कर कहा-महात्मन्-हम लोग जैन हैं और महाराज अशोक की आज्ञा से जैन लोगों का सर्वनाश किया जा रहा है। अत: हम लोग प्राण के भय से भाग कर अन्यत्र जा रहे हैं। पर मार्ग में घोड़े थक गये, अब ये इस समय चल नहीं सकते। क्या आप थोड़ी देर तक हम लोगों को आश्रय दीजियेगा?

महात्मा थोड़ी देर सोचकर बोले-अच्छा, आप लोग इसी कुटी में चले जाइये।

स्त्री-पुरुषों ने आश्रय पाया।

अभी उन लोगों को बैठे थोड़ी ही देर हुई है कि अकस्मात् अश्व-पद-शब्द ने सबको चकित और भयभीत कर दिया। देखते-देखते दस अश्वारोही उस कुटी के सामने पहुँच गये। उनमें से एक महात्मा की ओर लक्ष्य करके बोला-ओ भिक्षु, क्या तूने अपने यहाँ भागे हुए जैन विधर्मियों को आश्रय दिया है? समझ रख, तू हम लोगों से बहाना नहीं कर सकता, क्योंकि उनका रथ इस बात का ठीक पता दे रहा है।

महात्मा-सैनिकों, तुम उन्हें लेकर क्या करोगे? मैंने अवश्य उन दुखियों को आश्रय दिया है। क्यों व्यर्थ नर-रक्त से अपने हाथों को रंजित करते हो?

सैनिक अपने साथियों की ओर देखकर बोला-यह दुष्ट भी जैन ही है, ऊपरी बौद्ध बना हुआ है; इसे भी मारो।

'इसे भी मारो' का शब्द गूँज उठा, और देखते-देखते उस महात्मा का सिर भूमि में लोटने लगा।

इस काण्ड को देखते ही कुटी के स्त्री-पुरुष चिल्ला उठे। उन नर-पिशाचों ने एक को भी न छोड़ा! सबकी हत्या की।

अब सब सैनिक धन खोजने लगे। मृत स्त्री-पुरुषों के आभूषण उतारे जाने लगे। एक सैनिक, जो उस महात्मा की ओर झुका था, चिल्ला उठा। सबका ध्यान उसी ओर आकर्षित हुआ। सब सैनिकों ने देखा, उसके हाथ में एक अँगूठी है, जिस पर लिखा है, 'वीताशोक'!

६

महाराज अशोक के भाई, जिनका पता नहीं लगता था, वही 'वीताशोक' मारे गये! चारों ओर उपद्रव शान्त है। पौण्ड्रवर्धन नगर प्रशान्त समुद्र की तरह हो गया है।

महाराज अशोक पाटलिपुत्र के साम्राज्य-सिंहासन पर विचारपति होकर बैठे हैं। राजसभा की शोभा तो कहते नहीं बनती। सुवर्ण-रचित बेल-बूटों की कारीगरी से, जिनमें मणि-माणिक्य स्थानानुकूल बिठाये गये हैं। मौर्य-सिंहासन-मडन्दर भारतवर्ष का वैभव दिखा रहा है, जिसे देखकर पारसीक सम्राट 'दारा' के सिंहासन-मन्दिर को ग्रीक लोग तुच्छ दृष्टि से देखते थे।

धर्माधिकारी, प्राड्विवाक, महामात्य, धर्म-महामात्य रज्जुक, और सेनापति, सब अपने-अपने स्थान पर स्थित हैं। राजकीय तेज का सन्नाटा सबको मौन किये है।

देखते-देखते एक स्त्री और एक पुरुष उस सभा में आये। सभास्थित सब लोगों की दृष्टि को पुरुष के अवनत तथा बड़े-बड़े नेत्रों ने आकर्षित कर लिया। किन्तु सब नीरव हैं। युवक और युवती ने मस्तक झुकाकर महाराजा को अभिवादन किया।

स्वयं महाराजा ने पूछा–तुम्हारा नाम?

उत्तर–कुनाल।

प्रश्न–पिता का नाम।

उत्तर–महाराज चक्रवर्ती धर्माशोक।

सब लोग उत्कण्ठा और विस्मय से देखने लगे कि अब क्या होता है, पर महाराज का मुख कुछ भी विकृत न हुआ, प्रत्युत और भी गम्भीर स्वर से प्रश्न करने लगे।

प्रश्न–तुमने कोई अपराध किया है?

उत्तर–अपनी समझ से तो मैंने अपराध से बचने का उद्योग किया था।

प्रश्न–फिर तुम किस तरह अपराधी बनाये गये?

उत्तर–तक्षशिला के महासामन्त से पूछिये।

महाराज की आज्ञा होते ही शासक ने अभिवादन के उपरान्त एक पत्र उपस्थित किया, जो अशोक के कर में पहुँचा।

महाराज ने क्षण-भर में महामात्य से फिरकर पूछा–यह आज्ञा-पत्र कौन ले गया था, उसे बुलाया जाय।

पत्रवाहक भी आया और कम्पित स्वर से अभिवादन करते हुए बोला–धर्मावतार, यह पत्र मुझे महादेवी तिष्यरक्षिता के महल से मिला था, और आज्ञा हुई थी कि इसे शीघ्र तक्षशिला के शासक के पास पहुँचाओ।

महाराज ने शासक की ओर देखा। उसने हाथ जोड़कर कहा–महाराज, यही आज्ञा-पत्र लेकर गया था।

महाराज ने गम्भीर होकर अमात्य से कहा-तिष्यरक्षिता को बुलाओ।

महामात्य ने कुछ बोलने की चेष्टा की, किन्तु महाराज के भृकुटिभंग ने उन्हें बोलने से निरस्त किया; अब वह स्वयं उठे और चले।

७

महादेवी तिष्यरक्षिता राजसभा में उपस्थित हुईं। अशोक ने गम्भीर स्वर से पूछा-यह तुम्हारी लेखनी से लिखा गया है? क्या उस दिन तुमने इसी कुकर्म के लिये राजमुद्रा छिपा ली थी? क्या कुनाल के बड़े-बड़े सुन्दर नेत्रों ने ही तुम्हें आँखें निकलवाने की आज्ञा देने के लिये विवश किया था? अवश्य तुम्हारा ही यह कुकर्म है। अस्तु, तुम्हारी-ऐसी स्त्री को पृथ्वी के ऊपर नहीं, किन्तु भीतर रहना चाहिये।

सब लोग काँप उठे। कुनाल ने आगे बढ़ घुटने टेक दिये और कहा-क्षमा।

अशोक ने गम्भीर स्वर से कहा-नहीं।

तिष्यरक्षिता उन्हीं पुरुषों के साथ गयी, जो लोग उसे जीवित समाधि देनेवाले थे। महामात्य ने राजकुमार कुनाल को आसन पर बैठाया और धर्मरक्षिता महल में गयी।

महामात्य ने एक पत्र और अँगूठी महाराज को दी। यह पौण्ड्रवर्धन के शासक का पत्र तथा वीताशोक की अँगूठी थी।

पत्र-पाठ करके और मुद्रा को देखकर वही कठोर अशोक विह्वल हो गये, ओर अवसन्न होकर सिंहासन पर गिर पड़े।

उसी दिन से कठोर अशोक ने हत्या की आज्ञा बन्द कर दी, स्थान-स्थान पर जीवहिंसा न करने की आज्ञा पत्थरों पर खुदवा दी गयी।

कुछ ही काल के बाद महाराज अशोक ने उद्विग्न चित्त को शान्त करने के लिये भगवान बुद्ध के प्रसिद्ध स्थानों को देखने के लिए धर्म-यात्रा की।

गुलाम

१

फूल नहीं खिलते हैं, बेले की कलियाँ मुरझाई जा रही हैं। समय में नीरद ने सींचा नहीं, किसी माली की भी दृष्टि उस ओर नहीं घूमी; अकाल में बिना खिले कुसुम-कोरक म्लान होना ही चाहता है। अकस्मात् डूबते सूर्य की पीली किरणों की आभा से चमकता हुआ एक बादल का टुकड़ा स्वर्ण-वर्षा कर गया। परोपकारी पवन उन छींटों को ढकेलकर उन्हें एक कोरक पर लाद गया। भला इतना भार वह कैसे सह सकता है! सब ढुलककर धरणी पर गिर पड़े। कोरक भी कुछ हरा हो गया।

यमुना के बीच धारा में एक छोटी, पर बहुत ही सुन्दर तरणी, मन्द पवन के सहारे धीरे-धीरे बह रही है। सामने के महल से अनेक चन्द्रमुख निकलकर उसे देख रहे हैं। चार कोमल सुन्दरियाँ डाँड़ें चला रही हैं, और एक बैठी हुई सितारी बजा रही है। सामने, एक भव्य पुरुष बैठा हुआ उसकी ओर निर्निमेष दृष्टि से देख रहा है।

पाठक! यह प्रसिद्ध शाहआलम दिल्ली के बादशाह हैं। जलक्रीड़ा हो रही है।

सान्ध्य-सूर्य की लालिमा जीनत-महल के अरुण मुख-मण्डल की शोभा और भी बढ़ा रही है। प्रणयी बादशाह उस आतप-मण्डित मुखारविन्द की ओर सतृष्ण नयन से देख रहे हैं, जिस पर बार-बार गर्व और लज्जा का दुबारा रंग चढ़ता-उतरता है, और इसी कारण सितार का स्वर भी बहुत शीघ्र चढ़ता-उतरता है। संगीत, तार पर चढ़क़र दौड़ता हुआ, व्याकुल होकर घूम रहा है; क्षण-भर भी विश्राम नहीं।

जीनत के मुखमण्डल पर स्वेद-बिन्द झलकने लगे। बादशाह ने व्याकुल होकर कहा–बस करो, प्यारी जीनत! बस करो! बहुत अच्छा बजाया, वाह, क्या बात है! साकी, एक प्याला शीराजी शर्बत!

'हुजूर आया'-कहता हुआ एक सुकुमार बालक सामने आया, हाथ में पान-पात्र था। उस बालक की मुख-कान्ति दर्शनीय थी। भरा प्याला छलकना चाहता था, इधर घुँघराली अलकें उसकी आँखों पर बरजोरी एक पर्दा डालना चाहती थीं। बालक प्याले को एक हाथ में लेकर जब केश-गुच्छ को हटाने लगा, तब जीनत और शाहआलम दोनों चकित होकर देखने लगे। अलकें अलग हुईं। बेगम ने एक ठण्डी साँस ली। शाहआलम के मुख से भी एक आह निकलना ही चाहती थी, पर उसे रोककर निकल पड़ा–'बेगम को दो।'

बालक ने दोनों हाथों से पान-पात्र जीनत की ओर बढ़ाया। बेगम ने उसे लेकर पान कर लिया।

नहीं कह सकते कि उस शर्बत ने बेगम को कुछ तरी पहुँचाई या गर्मी; किन्तु हृदय-स्पन्दन अवश्य कुछ बढ़ गया। शाहआलम ने झुककर कहा–एक और!

बालक विचित्र गति से पीछे हटा और थोड़ी देर में दूसरा प्याला लेकर उपस्थित हुआ। पान-पात्र निश्शेष कर शाहआलम ने हाथ कुछ और फैला दिया, और बालक की ओर इंगित करके बोले– कादिर, जरा उँगलियाँ तो बुला दे।

बालक अदब से सामने बैठ गया और उनकी उँगलियों को हाथ में लेकर बुलाने लगा।

मालूम होता है कि जीनत को शर्बत ने कुछ ज्यादा गर्मी पहुँचाई। वह छोटे बजरे के मेहराब में से झुककर यमुना-जल छूने लगी। कलेजे के नीचे एक मखमली तकिया मसली जाने लगी, या न मालूम वही कामिनी के वक्षस्थल को पीडन करने लगी।

शाहआलम की उँगलियाँ, उस कोमल बाल-रवि-कर-समान स्पर्श से, कलियों की तरह चटकने लगीं। बालक की निर्निमेष दृष्टि आकाश की ओर थी। अकस्मात् बादशाह ने कहा-मीना! ख्वाजा-सरा से कह देना कि इस कादिर को अपनी खास तालीम में रखें, और उसके सुपुर्द कर देना।

एक डाँड़े चलाने वाली ने झुककर कहा-बहुत अच्छा हुजूर!

बेगम ने अपने सीने से तकिये को और दबा दिया; किन्तु वह कुछ न बोल सकी, दबकर रह गयी।

२

उपर्युक्त घटना को बहुत दिन बीत गये। गुलाम कादिर अब अच्छा युवक मालूम होने लगा। उसका उन्नत स्कन्ध, भरी-भरी बाँहें और विशाल वक्षस्थल बड़े सुहावने हो गये। किन्तु कौन कह सकता है कि वह युवक है। ईश्वरीय नियम के विरुद्ध उसका पुंसत्व छीन लिया गया है।

कादिर, शाहआलम का प्यारा गुलाम है। उसकी तूती बोल रही है, सो भी कहाँ? शाही नौबतखाने के भीतर।

दीवाने-आम में अच्छी सज-धज है। आज कोई बड़ा दरबार होने वाला है। सब पदाधिकारी अपने योग्यतानुसार वस्त्राभूषण से सजकर अपने-अपने स्थान को सुशोभित करने लगे। शाहआलम भी तख्त पर बैठ गये। तुला-दान होने के बाद बादशाह ने कुछ लोगों का मनसब बढ़ाया और कुछ को इनाम दिया। किसी को हर्बे दिये गये; किसी की पदवी बढ़ायी गयी; किसी की तनख्वाह बढ़ी।

किन्तु बादशाह यह सब करके भी तृप्त नहीं दिखाई पड़ते। उनकी निगाहें किसी को खोज रही हैं। वे इशारा कर रही हैं कि उन्हीं से काम निकल जाय, रसना को बोलना न पड़े; किन्तु करें क्या? वह हो नहीं सकता था। बादशाह ने एक तरफ देखकर कहा-गुलाम कादिर!

कादिर अपने कमरे में कपड़े पहनकर तैयार है, केवल कमरबंद में एक जड़ाऊ दस्ते की कटार लगाना बाकी है, जिसे बादशाह ने उसे प्रसन्न होकर दिया है। कटार लगाकर एक बड़े दर्पण में मुँह देखने की लालसा से वह उस ओर बढ़ा। दर्पण के सामने खड़े होकर उसने देखा, अपरूप सौन्दर्य! किसका? अपना ही। सचमुच कादिर की दृष्टि अपनी आँखों पर से नहीं हटती। मुग्ध होकर वह अपना रूप देख रहा है।

उसका पुरुषोचित सुन्दर मुख-मण्डल तारुण्य-सूर्य के आतप से आलोकित हो रहा है। दोनों भरे हुए कपोल प्रसन्नता से बार-बार लाल हो आते हैं, आँखें हँस रही हैं। सृष्टि सुन्दरतम होकर उसके सामने विकसित हो रही है।

प्रहरी ने आकर कहा-जहाँपनाह ने दरबार में याद किया है।

कादिर चौंक उठा और उसका रंग उतर गया। वह सोचने लगा कि उसका रूप और तारुण्य कुछ नहीं है, किसी काम का नहीं। मनुष्य की सारी सम्पत्ति उससे जबर्दस्ती छीन ली गयी है।

कादिर का जीवन भार हो उठा। निरभ्र, गगन में पावसघन घिर उठे। उसका प्राण तलमला उठा, और वह व्याकुल होकर चाहता था कि दर्पण फोड़ दे।

क्षण-भर में सारी प्रसन्नता मिट्टी में मिल गयी। जीवन दु:सह हो उठा। दाँत आपस में घिस उठे और कटार भी कमर से बाहर निकलने लगी।

कादिर कुछ शान्त हुआ। कुछ सोचकर धीरे-धीरे दरबार की ओर चला। बादशाह के सामने

पहुँचकर यथोचित अभिवादन किया

शाहआलम-कादिर! इतनी देर तक कहाँ रहा?

कादिर-जहाँपनाह! गुलाम की खता माफ हो।

शाहआलम-(हँसते हुए) खता कैसी, कादिर?

कादिर-(जलकर) हुजूर, देर हुई।

शाहआलम-अच्छा, उसकी सजा दी जायगी।

कादिर-(अदब से) लेकिन हुजूर, मेरी भी कुछ अर्ज है।

बादशाह ने पूछा-क्या?

कादिर ने कहा-मुझे यही सजा मिले कि मैं कुछ दिनों के लिये देहली से निकाल दिया जाऊँ।

शाहआलम ने कहा-सो तो बहुत बड़ी सजा है कादिर, ऐसा नहीं हो सकता। मैं तुम्हें कुछ इनाम देना चाहता हूँ, ताकि वह यादगार रहे, और तुम फिर ऐसा कुसूर न करो।

कादिर ने हाथ बाँधकर कहा-हुजूर! इनाम में मुझे छुट्टी ही मिल जाय, ताकि कुछ दिनों तक मैं अपने बूढ़े बाप की खिदमत कर सकूँ।

शाहआलम-(चौंककर) उसकी खिदमत के लिये मेरी दी हुई जागीर काफी है। सहारनपुर में उसकी आराम से गुजरती है।

कादिर ने गिड़गिड़ाकर कहा-लेकिन जहाँपनाह, लड़का होकर मेरा भी कोई फर्ज है।

शाहआलम ने कुछ सोचकर कहा-अच्छा, तुम्हें रुख्सत मिली और यादगार की तरह तुम्हें एक-हजारी मनसब अता किया जाता है, ताकि तुम वहाँ से लौट आने में फिर देर न करो।

उपस्थित लोग 'करामात', हुजूर का एकबाल और बुलन्द हो' की धुन मचाने लगे। गुलाम कादिर अनिच्छा रहते उन लोगों का साथ देता था, और अपनी हार्दिक प्रसन्नता प्रकट करने की कोशिश करता था।

३

भारत के सपूत, हिन्दओं के उज्जवल रत्न छत्रपति महाराज शिवाजी ने जो अध्यवसाय और परिश्रम किया, उसका परिणाम मराठों को अच्छा मिला, और उन्होंने भी जब तक उस पूर्व-नीति को अच्छी तरह से माना, लाभ उठाया। शाहआलम के दरबार में क्या-भारत में-आज मराठा-वीर सिन्धिया ही नायक समझा जाता है। सिन्धिया की विपुल वाहिनी के बल से शाहआलम नाममात्र को दिल्ली के सिंहासन पर बैठे हैं। बिना सिन्धिया के मंजूर किये बादशाह-सलामत रत्ती-भर हिल नहीं सकते। सिन्धिया दिल्ली और उसके बादशाह के प्रधान रक्षक हैं। शाहआलम का मुगल रक्त सर्द हो चुका है।

सिन्धिया आपस के झगड़े तय करने के लिये दक्खिन चला गया है। 'मंसूर' नामक कर्मचारी ही इस समय बादशाह का प्रधान सहायक है। शाहआलम का पूरा शुभचिन्तक होने पर भी वह हिन्द सिन्धिया की प्रधानता से भीतर-भीतर जला करता था।

जला हुआ, विद्रोह का झंडा उठाये, इसी समय, गुलाम कादिर रुहेलों के साथ सहारनपुर से आकर दिल्ली के उस पार डेरा डाले पड़ा है। मंसूर उसके लिये हर तरह से तैयार है। एक बार वह भुलावे में आकर चला गया है। अबकी बार उसकी इच्छा है कि वजारत वही करे।

बूढ़े बादशाह संगमरमर के मीनाकारी किये हुए बुर्ज में गावतकिये के सहारे लेटे हुए हैं। मंसूर

सामने हाथ बाँधे खड़ा है। शाहआलम ने भरी हुई आवाज में पूछा-क्यों मंसूर! क्या गुलाम कादिर सचमुच दिल्ली पर हमला करके तख्त छीनना चाहता है? क्या उसको इसीलिए हमने इस मरतबे पर पहुँचाया? क्या सबका आखिरी नतीजा यही है? बोलो, साफ कहो। रुको मत, जिसमें कि तुम बात बना सको।

मंसूर-जहाँपनाह! वह तो गुलाम है। फकत हुजूर की कदमबोसी हासिल करने के लिये आया है। और, उसकी तो यही अर्जी है कि हमारे आका शाहंशाहआलम-हिंद एक काफिर के हाथ की पुतली न बने रहें। अगर हुक्म दें, तो क्या यह गुलाम वह काम नहीं कर सकता?

शाहआलम-मंसूर! इसके माने?

मंसूर-बंद:परवर! वह दिल्ली की वजारत के लिये अर्ज करता है और गुलामी में हाजिर होना चाहता है। उसे तो सिन्धिया से रंज है, हुजूर तो उसके मेहरबान आका हैं।

शाहआलम-(जरा तनकर) हाँ मंसूर, उसे हमने बचपन से पाला है, और इस लायक बनाया।

मंसूर-(मन में) और उसे आपने ही, खुद-गरजी से-जो काबिले-नफरत थी-दुनिया के किसी काम का न रक्खा, जिसके लिये वह जी से जला हुआ है।

शाहआलम-बोलो मंसूर! चुप क्यों हो? क्या वह एहसान-फरामोश है?

मंसूर-हुजूर! फिर, गुलाम खिदमत में बुलाया जावे?

शाहआलम-वजारत देने में मुझे कोई उज्र नहीं है। वह सँभाल सकेगा?

मंसूर-हुजूर, अगर वह न सँभाल सकेगा, तो उसको वही झेलेगा। सिन्धिया खुद उससे समझ लेगा।

शाहआलम-हाँ जी, सिन्धिया से कह दिया जायगा कि लाचारी से उसको वजारत दी गयी। तुम थे नहीं, उसने जबर्दस्ती वह काम अपने हाथ में लिया।

मंसूर-और इससे मुसलमान रियाया भी हुजूर से खुश हो जायगी। तो, उसे हुक्म आने का भेज दिया जाय?

४

दिल्ली के दुर्ग पर गुलाम कादिर का पूर्ण अधिकार हो गया है। बादशाह के कर्मचारियों से सब काम छीन लिया गया है। रुहेलों का किले पर पहरा है। अत्याचारी गुलाम महलों की सब चीजों को लूट रहा है। बेचारी बेगमें अपमान के डर से पिशाच रुहेलों के हाथ, अपने हाथ से अपने आभूषण उतारकर दे रही हैं। पाशविक अत्याचार की मात्रा अब भी पूर्ण नहीं हुई। दीवाने-खास में सिंहासन पर बादशाह बैठे हैं। रुहेलों के साथ गुलाम कादिर उसे घेरकर खड़ा है।

शाहआलम-गुलाम कादिर, अब बस कर! मेरे हाल पर रहम कर, सब कुछ तूने कर लिया। अब मुझे क्यों नाहक परेशान करता है?

गुलाम-अच्छा इसी में है कि अपना छिपा खजाना बता दो।

एक रुहेला-हाँ,हाँ, हम लोगों के लिये भी तो कुछ चाहिये।

शाहआलम-कादिर! मेरे पास कुछ नहीं है। क्यों मुझे तकलीफ देता है?

कादिर-मालूम होता है, सीधी उँगली से घी नहीं निकलेगा।

शाहआलम-मैंने तुझे इस लायक इसलिये बनाया कि तू मेरी इस तरह बेइज्जती करे?

कादिर-तुम्हारे-ऐसों के लिये इतनी ही सजा काफी नहीं है। नहीं देखते हो कि मेरे दिल में बदले की आग जल रही है, मुझे तुमने किस काम का रक्खा? हाय!

मेरी सारी कार्रवाई फजूल है, मेरा सब तुमने लूट लिया है। बदला कहती है कि तुम्हारा गोश्त मैं अपने दाँतों से नोच डालूँ।

शाहआलम-बस कादिर! मैं अपनी खता कुबूल करता हूँ। उसे माफ कर! या तो अपने हाथों से मुझे कत्ल कर डाल! मगर इतनी बेइज्जती न कर!

गुलाम-अच्छा, वह तो किया ही जायेगा! मगर खजाना कहाँ है?

शाहआलम-कादिर! मेरे पास कुछ नहीं है!

गुलाम-अच्छा, तो उतर आएँ तख्त से, देर न करें!

शाहआलम-कादिर! मैं इसी पर बैठा हूँ, जिस पर बैठकर तुझे हुक्म दिया करता था। आ, इसी जगह खंजर से मेरा काम तमाम कर दे।

'वही होगा' कहता हुआ नर-पिशाच कादिर तख्त की ओर बढ़ा। बूढ़े बादशाह को तख्त से घसीटकर नीचे ले आया और उन्हें पटककर छाती पर चढ़ बैठा। खंजर की नोक कलेजे पर रखकर कहने लगा, अब भी अपना खजाना बताओ, तो जान सलामत बच जायगी।

शाहआलम गिड़गिड़ाकर कहने लगे कि ऐसी जिन्दगी की जरूरत नहीं है। अब तू अपना खञ्जर कलेजे के पार कर!

कादिर-लेकिन इससे क्या होगा! अगर तुम मर जाओगे, तो मेरे कलेजे की आग किसे झुलसायेगी; इससे बेहतर है कि मुझसे जैसी चीज छीन ली गयी है, उसी तरह की कोई चीज तुम्हारी भी ली जाय। हाँ, इन्हीं आँखों से मेरी खूबसूरती देखकर तुमने मुझे दुनिया के किसी काम का न रक्खा। लो, मैं तुम्हारी आँखें निकालता हूँ, जिससे मेरा कलेजा कुछ ठण्डा होगा।

इतना कह कादिर ने कटार से शाहआलम की दोनों आँखें निकाल लीं। रोशनी की जगह उन गड्ढों से रक्त के फुहारे निकलने लगे। निकली हुई आँखों को कादिर की आँखें प्रसन्नता से देखने लगीं।

जहाँआरा

१

यमुना के किनारेवाले शाही महल में एक भयानक सन्नाटा छाया हुआ है, केवल बार-बार तोपों की गड़गड़ाहट और अस्त्रों की झनकार सुनाई दे रही है। वृद्ध शाहजहाँ मसनद के सहारे लेटा हुआ है, और एक दासी कुछ दवा का पात्र लिए हुए खड़ी है। शाहजहाँ अन्यमनस्क होकर कुछ सोच रहा है, तोपों की आवाज से कभी-कभी चौंक पड़ता है। अकस्मात् उसके मुख से निकल पड़ा। नहीं-नहीं, क्या वह ऐसा करेगा, क्या हमको तख्त-ताऊस से निराश हो जाना चाहिए?

हाँ, अवश्य निराश हो जाना चाहिए।

शाहजहाँ ने सिर उठाकर कहा-कौन? जहाँआरा? क्या यह तुम सच कहती हो?

जहाँआरा-(समीप आकर) हाँ, जहाँपनाह! यह ठीक है; क्योंकि आपका अकर्मण्य पुत्र 'दारा' भाग गया, और नमक-हराम 'दिलेर खाँ' क्रूर औरंगजेब से मिल गया, और किला उसके अधिकार में हो गया।

शाहजहाँ-लेकिन जहाँआरा! क्या औरंगजेब क्रूर है? क्या वह अपने बूढ़े बाप की कुछ इज्जत न करेगा? क्या वह मेरे जीते ही तख्त-ताऊस पर बैठेगा?

जहाँआरा-(जिसकी आँखों में अभिमान का अश्रुजल भरा था) जहाँपनाह! आपके इसी पुत्रवात्सल्य ने आपकी यह अवस्था की। औरंगजेब एक नारकीय पिशाच है; उसका किया क्या नहीं हो सकता, एक भले कार्य को छोड़कर।

शाहजहाँ-नहीं जहाँआरा! ऐसा मत कहो।

जहाँआरा-हाँ जहाँपनाह! मैं ऐसा ही कहती हूँ।

शाहजहाँ-ऐसा? तो क्या जहाँआरा! इस बदन में मुगल-रक्त नहीं है? क्या तू मेरी कुछ भी मदद कर सकती है?

जहाँआरा-जहाँपनाह की जो आज्ञा हो।

शाहजहाँ-तो मेरी तलवार मेरे हाथ में दे। जब तक वह मेरे हाथ में रहेगी, कोई भी तख्त-ताऊस मुझसे न छुड़ा सकेगा।

जहाँआरा आवेश के साथ-'जहाँपनाह! ऐसा ही होगा'। कहती हुई वृद्ध शाहजहाँ की तलवार उसके हाथ में देकर खड़ी हो गयी। शाहजहाँ उठा और लड़खड़ाकर गिरने लगा, शाहजादी जहाँआरा ने बादशाह को पकड़ लिया, और तख्त-ताऊस के कमरे की ओर ले चली।

२

तख्त-ताऊस पर वृद्ध शाहजहाँ बैठा है, और नकाब डाले जहाँआरा पास ही बैठी हुई है, और कुछ सरदार-जो उस समय वहाँ थे-खड़े हैं; नकीब भी खड़ी है। शाहजहाँ के इशारा करते ही उसने

अपने चिरभ्यस्त शब्द कहने के लिए मुँह खोला। अभी पहला ही शब्द उसके मुँह से निकला था कि उसका सिर छटककर दूर जा रहा! सब चकित होकर देखने लगे।

जिरहबाँतर से लदा हुआ औरंगजेब अपनी तलवार को रुमाल से पोंछता हुआ सामने खड़ा हो गया, और सलाम करके बोला-हुजूर की तबीयत नासाज सुनकर मुझसे न रहा गया; इसलिए हाजिर हुआ।

शाहजहाँ-(काँपकर) लेकिन बेटा! इतनी खूँरेजी की क्या जरूरत थी? अभी-अभी वह देखो, बुड्ढे नकीब की लाश लोट रही है। उफ़! मुझसे यह नहीं देखा जाता! (काँपकर) क्या बेटा, मुझे भी.. (इतना कहते-कहते बेहोश होकर तख्त से झुक गया)।

औरंगजेब-(कड़ककर अपने साथियों से) हटाओ उस नापाक लाश को।

जहाँआरा से अब न रहा गया, और दौड़कर सुगन्धित जल लेकर वृद्ध पिता के मुख पर छिड़कने लगी।

औरंगजेब-(उधर देखकर) हैं! यह कौन है, जो मेरे बूढ़े बाप को पकड़े हुए है? (शाहजहाँ के मुसाहिबों से) तुम सब बड़े नामाकूल हो; देखते नहीं, हमारे प्यारे बाप की क्या हालत है, और उन्हें अभी भी पलंग पर नहीं लिटाया। (औरंगजेब के साथ-साथ सब तख्त की ओर बढ़े)।

जहाँआरा उन्हें यों बढ़ते देखकर फुरती से कटार निकालकर और हाथ में शाही मुहर किया हुआ कागज निकालकर खड़ी हो गयी और बोली-देखो, इस परवाने के मुताबिक मैं तुम लोगों को हुक्म देती हूँ कि अपनी-अपनी जगह पर खड़े रहो, जब तक मैं दूसरा हुक्म न दूँ।

सब उसी कागज की ओर देखने लगे। उसमें लिखा था-इस शख्स का सब लोग हुक्म मानो और मेरी तरह इज्जत करो।

सब उसकी अभ्यर्थना के लिए झुक गये, स्वयं औरंगजेब भी झुक गया, और कई क्षण तक सब निस्तब्ध थे।

अकस्मात् औरंगजेब तनकर खड़ा हो गया और कड़ककर बोला-गिरफ्तार कर लो इस जादूगरनी को। यह सब झूठा फिसाद है, हम सिवा शाहंशाह के और किसी को नहीं मानेंगे।

सब लोग उस औरत की ओर बढ़े। जब उसने यह देखा, तब फौरन अपना नकाब उलट दिया। सब लोगों ने सिर झुका दिया, और पीछे हट गये। औरंगजेब ने एक बार फिर सिर नीचे कर लिया, और कुछ बड़बड़ा कर जोर से बोला-कौन, जहाँआरा, तुम यहाँ कैसे?

जहाँआरा-औरंगजेब! तुम यहाँ कैसे?

औरंगजेब-(पलटकर अपने लड़के की तरफ देखकर) बेटा! मालूम होता है कि बादशाहआलम-बेगम का कुछ दिमाग बिगड़ गया है, नहीं तो इस बेशर्मी के साथ इस जगह पर न आतीं। तुम्हें इनकी हिफाजत करनी चाहिये।

जहाँआरा-और औरंगजेब के दिमाग को क्या हुआ है, जो वह अपने बाप के साथ बेअदबी से पेश आया..

अभी इतना उसके मुँह से निकला ही था कि शाहजादे ने फुरती से उसके हाथ से कटार निकाल लिया और कहा-मैं अदब के साथ कहता हूँ कि आप महल में चलें, नहीं तो..

जहाँआरा से यह देखकर न रहा गया। रमणी-सुलभ वीर्य और अस्त्र, क्रन्दन और अश्रु का प्रयोग उसने किया और गिड़गिड़ाकर औरंगजेब से बोली-क्यों औरंगजेब! तुमको कुछ भी दया नहीं है?

औरंगजेब ने कहा-दया क्यों नहीं है बादशाह-बेगम! दारा जैसे तुम्हारा भाई था, वैसा ही मैं भी तो

भाई ही था, फिर तरफदारी क्यों?

जहाँआरा-वह तो बाप का तख्त नहीं लिया चाहता था, उनके हुक्म से सल्तनत का काम चलाता था।

ओरंगजेब-तो क्या मैं वह काम नहीं कर सकता? अच्छा, बहस की जरूरत नहीं है। बेगम को चाहिये कि वह महल में जायँ।

जहाँआरा कातर दृष्टि से वृद्ध मूर्च्छित पिता को देखती हुई शाहजादे की बताई राह से जाने लगी।

३

यमुना के किनारे एक महल में शाहजहाँ पलँग पर पड़ा है, और जहाँआरा उसके सिरहाने बैठी हुई है।

जहाँआरा से जब औरंगजेब ने पूछा कि वह कहाँ रहना चाहती है, तब उसने केवल अपने वृद्ध और हतभागे पिता के साथ रहना स्वीकार किया, और अब वह साधारण दासी के वेश में अपना जीवन अभागे पिता की सेवा में व्यतीत करती है।

वह भड़कदार शाही पेशवाज अब उसके बदन पर नहीं दिखायी पड़ती, केवल सादे वस्त्र ही उसके प्रशान्त मुख की शोभा बढ़ाते हैं। चारों ओर उस शाही महल में एक शान्ति दिखलाई पड़ती है। जहाँआरा ने, जो कुछ उसके पास थे, सब सामान गरीबों को बाँट दिये; और अपने निज के बहुमूल्य अलंकार भी उसने पहनना छोड़ दिया। अब वह एक तपस्विनी ऋषिकन्या-सी हो गयी! बात-बात पर दासियों पर वह झिड़की उसमें नहीं रही। केवल आवश्यक वस्तुओं से अधिक उसके रहने के स्थान में और कुछ नहीं है।

वृद्ध शाहजहाँ ने लेटे-लेटे आँख खोलकर कहा-बेटी, अब दवा की कोई जरूरत नहीं है, यादे-खुदा ही दवा है। अब तुम इसके लिये मत कोशिश करना।

जहाँआरा ने रोकर कहा-पिता, जब तक शरीर है, तब तक उसकी रक्षा करनी ही चाहिये।

शाहजहाँ कुछ न बोलकर चुपचाप पड़े रहे। थोड़ी देर तक जहाँआरा बैठी रही; फिर उठी और दवा की शीशियाँ यमुना के जल में फेंक दीं।

थोड़ी देर तक वहीं बैठी-बैठी वह यमुना का मन्द प्रवाह देखती रही। सोचती थी कि यमुना का प्रवाह वैसा ही है, मुगल साम्राज्य भी तो वैसा ही है; वह शाहजहाँ भी तो जीवित है, लेकिन तख्त-ताऊस पर तो वह नहीं बैठते।

इसी सोच-विचार में वह तब तक बैठी थी, जब तक चन्द्रमा की किरणें उसके मुख पर नहीं पड़ीं।

४

शाहजादी जहाँआरा तपस्विनी हो गयी है। उसके हृदय में वह स्वाभाविक तेज अब नहीं है, किन्तु एक स्वर्गीय तेज से वह कान्तिमयी थी। उसकी उदारता पहले से भी बढ़ गयी। दीन और दुखी के साथ उसकी ऐसी सहानुभूति थी कि लोग 'मूर्तिमती करुणा' मानते थे। उसकी इस चाल से पाषाण-हृदय औरंगजेब भी विचलित हुआ। उसकी स्वतन्त्रता जो छीन ली गयी थी, उसे फिर मिली। पर अब स्वतन्त्रता का उपभोग करने के लिए अवकाश ही कहाँ था? पिता की सेवा और दुखियों के प्रति सहानुभूति करने से उसे समय ही नहीं था। जिसकी सेवा के लिए सैकड़ों दासियाँ हाथ बाँधकर खड़ी रहती थीं, वह स्वयं दासी की तरह अपने पिता की सेवा करती हुई अपना जीवन व्यतीत करने लगी। वृद्ध शाहजहाँ के इंगित करने पर उसे उठाकर बैठाती और सहारा देकर कभी-कभी यमुना के तट तक उसे ले जाती और उसका मनोरंजन करती हुई छाया-सी बनी रहती।

वृद्ध शाहजहाँ ने इहलोक की लीला पूरी की। अब जहाँआरा को संसार में कोई काम नहीं है। केवल इधर-उधर उसी महल में घूमना भी अच्छा नहीं मालूम होता। उसकी पूर्व स्मृति और भी उसे सताने लगी। धीरे-धीरे वह बहुत क्षीण हो गयी। बीमार पड़ी। पर, दवा कभी न पी। धीरे-धीरे उसकी बीमारी बहुत बढ़ी और उसकी दशा बहुत खराब हो गयी, तब औरंगजेब ने सुना। अब उससे भी सहा न हो सका। वह जहाँआरा को देखने के लिये गया।

एक पुराने पलँग पर, जीर्ण बिछौने पर, जहाँआरा पड़ी थी और केवल एक धीमी साँस चल रही थी। औरंगजेब ने देखा कि वह जहाँआरा है, जिसके लिये भारतवर्ष की कोई वस्तु अलभ्य नहीं थी, जिसके बीमार पड़ने पर शाहजहाँ भी व्यग्र हो जाता था और सैकड़ों हकीम उसे आरोग्य करने के लिये प्रस्तुत रहते थे। वह इस तरह एक कोने में पड़ी है!

पाषाण भी पिघला, औरंगजेब की आँखें आँसू से भर आयीं और वह घुटने के बल बैठ गया। समीप मुँह ले जाकर बोला-बहिन, कुछ हमारे लिये हुक्म है?

जहाँआरा ने अपनी आँखें खोल दीं और एक पुरजा उसके हाथ में दिया, जिसे झुककर औरंगजेब ने लिया। फिर पूछा-बहिन, क्या तुम हमें माफ करोगी?

जहाँआरा ने खुली हुई आँखों को आकाश की ओर उठा दिया। उस समय उनमें से एक स्वर्गीय ज्योति निकल रही थी और वह वैसे ही देखती रह गयी। औरंगजेब उठा और उसने आँसू पोंछते हुए पुरजे को पढ़ा। उसमें लिखा था--

बगैर सब्ज: न पोशद कसे मजार मरा।
कि कब्रपोश गरीबाँ हमीं गयाह बसस्त।।

मदन-मृणालिनी

विजया-दशमी का त्योहार समीप है, बालक लोग नित्य रामलीला होने से आनन्द में मग्न हैं।

हाथ में धनुष और तीर लिये हुए एक छोटा-सा बालक रामचन्द्र बनने की तैयारी में लगा हुआ है। चौदह वर्ष का बालक बहुत ही सरल और सुन्दर है।

खेलते-खेलते बालक को भोजन की याद आई। फिर कहाँ का राम बनना और कहाँ की रामलीला। चट धनुष फेंककर दौड़ता हुआ माता के पास जा पहुँचा और उस ममता-मोहमयी माता के गले से लिपटकर-माँ! खाने को दे, माँ! खाने को दे-कहता हुआ जननी के चित्त को आनन्दित करने लगा।

जननी बालक का मचलना देखकर प्रसन्न हो रही थी और थोड़ी देर तक बैठी रहकर और भी मचलना देखा चाहती थी। उसके यहाँ एक पड़ोसिन बैठी थी, अतएव वह एकाएक उठकर बालक को भोजन देने में असमर्थ थी। सहज ही असन्तुष्ट हो जाने वाली पड़ोस की स्त्रियों का सहज क्रोधमय स्वभाव किसी से छिपा न होगा। यदि वह तत्काल उठकर चली जाती, तो पड़ोसिन क्रुद्ध होती। अत: वह उठकर बालक को भोजन देने में आनाकानी करने लगी। बालक का मचलना और भी बढ़ चला। धीरे-धीरे वह क्रोधित हो गया, दौड़कर अपनी कमान उठा लाया; तीर चढ़ाकर पड़ोसिन को लक्ष्य किया और कहा-तू यहाँ से जा, नहीं तो मैं मारता हूँ।

दोनों स्त्रियाँ केवल हँसकर उसको मना करती रहीं। अकस्मात् वह तीर बालक के हाथ से छूट पड़ा और पड़ोसिन की गर्दन में कुछ धँस गया! अब क्या था, वह अर्जुन और अश्वत्थामा का पाशुपतास्त्र हो गया। बालक की माँ बहुत घबरा गयी, उसने अपने हाथ से तीर निकाला, उसके रक्त को धोया, बहुत कुछ ढाढ़स दिया। किन्तु घायल स्त्री का चिल्लाना-कराहना सहज में थमने वाला नहीं था।

बालक की माँ विधवा थी, कोई उसका रक्षक न था। जब उसका पति जीता था, तब तक उसका संसार अच्छी तरह चलता था; अब जो कुछ पूँजी बच रही थी, उसी में वह अपना समय बिताती थी। ज्यों-त्यों करके उसने चिर-संरक्षित धन में से पचीस रुपये उस घायल स्त्री को दिये।

वह स्त्री किसी से यह बात न कहने का वादा करके अपने घर गयी। परन्तु बालक का पता नहीं, वह डर के मारे घर से निकल किसी ओर भाग गया।

माता ने समझा कि पुत्र कहीं डर से छिपा होगा, शाम तक आ जायगा। धीरे-धीरे सन्ध्या-पर-सन्ध्या, सप्ताह-पर-सप्ताह, मास-पर-मास, बीतने लगे; परन्तु बालक का कहीं पता नहीं। शोक से माता का हृदय जर्जर हो गया, वह चारपाई पर लग गयी। चारपाई ने भी उसका ऐसा अनुराग देखकर उसे अपना लिया, और फिर वह उस पर से न उठ सकी। बालक को अब कौन पूछने वाला है!

-- --

कलकत्ता-महानगरी के विशाल भवनों तथा राजमार्गों को आश्चर्य से देखता हुआ एक बालक सुसज्जित भवन के सामने खड़ा है। महीनों कष्ट झेलता, राह चलता, थकता हुआ बालक यहाँ पहुँचा

है।

बालक थोड़ी देर तक यही सोचता था कि अब मैं क्या करूँ, किससे अपने कष्ट की कथा कहूँ। इतने में वहाँ धोती-कमीज पहने हुए एक सभ्य बंगाली महाशय का आगमन हुआ।

उस बालक की चौड़ी हड्डी, सुडौल बदन और सुन्दर चेहरा देखकर बंगाली महाशय रुक गये और उसे एक विदेशी समझकर पूछने लगे।

तुम्हारा मकान कहाँ है?

ब...में।

तुम यहाँ कैसे आये?

भागकर।

नौकरी करोगे?

हाँ।

अच्छा, हमारे साथ चलो।

बालक ने सोचा कि सिवा काम के और क्या करना है, तो फिर इनके साथ ही उचित है। कहा-अच्छा, चलिये।

बंगाली महाशय उस बालक को घुमाते-फिराते एक मकान के द्वार पर पहुँचे। दरबान ने उठकर सलाम किया। वह बालक-सहित एक कमरे में पहुँचे, जहाँ एक नवयुवक बैठा हुआ कुछ लिख रहा था, सामने बहुत से कागज इधर-उधर बिखरे पड़े थे।

युवक ने बालक को देखकर पूछा-बाबूजी, यह बालक कौन है?

यह नौकरी करेगा, तुमको एक आदमी की जरूरत थी ही, सो इसको हम लिवा लाये हैं, अपने साथ रक्खो-बाबूजी यह कहकर घर के दूसरे भाग में चले गये थे।

युवक के कहने पर बालक भी अचकचाता हुआ बैठ गया। उनमें इस तरह बातें होने लगीं-युवक-क्यों जी, तुम्हारा नाम क्या है?

बालक-(कुछ सोचकर) मदन।

युवक-नाम तो बड़ा अच्छा है। अच्छा, कहो, तुम क्या खाओगे? रसोई बनाना जानते हो?

बालक-रसोई बनाना तो नहीं जानते। हाँ, कच्ची-पक्की जैसी हो, बनाकर खा लेते हैं, किन्तु ..

अच्छा, संकोच करने की कोई जरूरत नहीं है-इतना कहकर युवक ने पुकारा-कोई है?

एक नौकर दौड़कर आया-हुजूर, क्या हुक्म है?

युवक ने कहा-इनको भोजन कराने के लिए ले जाओ।

भोजन के उपरान्त बालक युवक के पास आया। युवक ने एक घर दिखाकर कहा कि उस सामने की कोठरी में सोओ और उसे अपने रहने का स्थान समझो।

युवक की आज्ञा के अनुसार बालक उस कोठरी में गया, देखा तो एक साधारण-सी चौकी पड़ी है; एक घड़े में जल, लोटा और गिलास भी रक्खा हुआ है। वह चुपचाप चौकी पर लेट गया।

लेटने पर उसे बहुत-सी बातें याद आने लगीं, एक-एक करके उसे भावना के जाल में फँसाने लगीं। बाल्यावस्था के साथी, उनके साथ खेल-कूद, राम-रावण की लड़ाई, फिर उस विजया-दशमी के दिन की घटना, पड़ोसिन के अंग में तीर का धँस जाना, माता की व्याकुलता, और मार्ग के कष्ट को

सोचते-सोचते उस भयातुर बालक की विचित्र दशा हो गयी।

मनुष्य की मिमियाई निकालने वाली द्वीप-निवासिनी जातियों की भयानक कहानियाँ, जिन्हें उसने बचपन में माता की गोद में पड़े-पड़े सुना था, उसे और भी डराने लगीं। अकस्मात् उसके मस्तिष्क को उद्वेग से भर देनेवाली यह बात भी समा गयी कि-ये लोग तो मुझे नौकर बनाने के लिए अपने यहाँ लाये थे, फिर इतने आराम से क्यों रक्खा है? हो-न-हो, वही टापूवाली बात है। बस, फिर कहाँ की नींद और कहाँ का सुख, करवटें बदलने लगा! मन में यही सोचता था कि यहाँ से किसी तरह भाग चलो।

-- --

परन्तु निद्रा भी कैसी प्यारी वस्तु है! घोर दुःख के समय भी मनुष्य को यही सुख देती है। सब बातों से व्याकुल होने पर भी वह कुछ देर के लिये सो गया।

मदन उसी घर में रहने लगा। अब उसे उतनी घबराहट नहीं मालूम होती। अब वह निर्भय-सा हो गया है। किन्तु अभी तक यह बात कभी-कभी उसे उधेड़-बुन में लगा देती है कि ये लोग मुझसे इतना अच्छा बर्ताव क्यों करते हैं और क्यों इतना सुख देते हैं। पर इन सब बातों को वह उस समय भूल जाता है, जब 'मृणालिनी' उसकी रसोई बनवाने लगती है। देखो, रोटी जलती है, उसे उलट दो, दाल भी चला दो-इत्यादि बातें जब मृणालिनी के कोमल कण्ठ से वीणा की झंकार के समान सुनाई देती है, तब वह अपना दुःख-माता का सोच-सब भूल जाता है।

मदन है तो अबोध, किन्तु संयुक्त प्रान्तवासी होने के कारण स्पृश्यास्पृश्य का उसे बहुत ही ध्यान रहता है। वह दूसरे का बनाया भोजन नहीं करता। अतएव मृणालिनी आकर उसे बताती है और भोजन के समय हवा भी करती है।

मृणालिनी गृहस्वामी की कन्या है। वह देवबाला-सी जान पड़ती है। बड़ी-बड़ी आँखें, उज्जवल कपोल, मनोहर अंगभंगी, गुल्फविलम्बित केश-कलाप उसे और भी सुन्दरी बनने में सहायता दे रहे हैं। अवस्था तेरह वर्ष की है; किन्तु वह बहुत गम्भीर है।

नित्य साथ होने से दोनों में अपूर्व भाव का उदय हुआ है। बालक का मुख जब आग की आँच से लाल तथा आँखें धुएँ के कारण आँसुओं से भर जाती हैं, तब बालिका आँखों में आँसू भर कर, रोष-पूर्वक पंखी फेंककर कहती है-लो जी, इससे काम लो, क्यों व्यर्थ परिश्रम करते हो? इतने दिन तुम्हें रसोई बनाते हुए, मगर बनाना न आया!

तब मदन आँच लगने के सारे दुःख को भूल जाता। तब उसकी तृष्णा और बढ़ जाती; भोजन रहने पर भी भूख सताती है। और, सताया जाकर भी वह हँसने लगता है। मन-ही-मन सोचता, मृणालिनी! तुम बंग-महिला क्यों हुई?

मदन के मन में यह बात क्यों उत्पन्न हुई? दोनों सुन्दर थे, दोनों ही किशोर थे, दोनों संसार से अनभिज्ञ थे, दोनों के हृदय में रक्त था-उच्छ्वास था-आवेग था-विकास था, दोनों के हृदय-सिन्धु में किसी अपूर्व चन्द्र का मधुर-उज्जवल प्रकाश पड़ता था, दोनों के हृदय-कानन में नन्दन-पारिजात खिला था!

-- --

जिस परिवार में बालक मदन पलता था, उसके मालिक हैं अमरनाथ बनर्जी। आपके नवयुवक पुत्र का नाम है किशोरनाथ बनर्जी, कन्या का नाम मृणालिनी और गृहिणी का नाम हीरामणि है। बम्बई और कलकत्ता, दोनों स्थानों में, आपकी दूकानें थीं, जिनमें बाहरी चीजों का क्रय-विक्रय होता था; विशेष काम मोती के बनिज का था। आपका आफिस सीलोन में था; वहाँ से मोती की खरीद होती थी। आपकी कुछ जमीन भी वहाँ थी। उससे आपकी बड़ी आय थी। आप प्राय: अपनी बम्बई की दूकान में और आपका परिवार कलकत्ते में रहता था। धन अपार था, किसी चीज की कमी न थी। तो

भी आप एक प्रकार से चिन्तित थे।

संसार में कौन चिन्ताग्रस्त नहीं है? पशु-पक्षी, कीट-पतंग, चेतन और अचेतन, सभी को किसी प्रकार की चिन्ता है। जो योगी हैं, जिन्होंने सब कुछ त्याग दिया है, संसार जिनके वास्ते असार है, उन्होंने भी स्वीकार किया है। यदि वे आत्मचिन्तन न करें, तो उन्हें योगी कौन कहेगा?

किन्तु बनर्जी महाशय की चिन्ता का कारण क्या है? सो पति-पत्नी की इस बातचीत से ही विदित हो जायगा-

अमरनाथ-किशोर तो काँरा ही रहा चाहता है। अभी तक उसकी शादी कहीं पक्की नहीं हुई।

हीरामणि-सीलोन में आपके व्यापार करने तथा रहने से समाज आपको दूसरी ही दृष्टि से देख रहा है।

अमरनाथ-ऐसे समाज की मुझे परवाह नहीं है। मैं तो केवल लडक़ी और लड़के का ब्याह अपनी जाति में करना चाहता था। क्या टापुओं में जाकर लोग पहले बनिज नहीं करते थे? मैंने कोई अन्य धर्म तो ग्रहण नहीं किया, फिर यह व्यर्थ का आडम्बर क्यों है? और, यदि, कोई खान-पान का दोष दे, तो क्या यहाँ पर तिलक कर पूजा करने वाले लोगों से होटल बचा हुआ है?

हीरामणि-फिर क्या कीजियेगा? समाज तो इस समय केवल उन्हीं बगला-भगतों को परम धार्मिक समझता है!

अमरनाथ-तो फिर अब मैं ऐसे समाज को दूर ही से हाथ जोड़ता हूँ।

हीरामणि-तो क्या ये लडक़ी-लड़के क़रि ही रहेंगे?

अमरनाथ-नहीं, अब हमारी यह इच्छा है कि तुम सबको लेकर उसी जगह चलें। यहाँ कई वर्ष रहते भी हुआ किन्तु कार्य सिद्ध होने की कुछ भी आशा नहीं है, तो फिर अपना व्यापार क्यों नष्ट होने दें? इसलिये, अब तुम सबको वहीं चलना होगा। न होगा तो ब्राह्म हो जायँगे, किन्तु यह उपेक्षा अब सही नहीं जाती।

-- --

मदन, मृणालिनी के संगम से बहुत ही प्रसन्न है। सरला मृणालिनी भी प्रफुल्लित है। किशोरनाथ भी उसे बहुत ही प्यार करता है, प्रायः उसी को साथ लेकर हवा खाने के लिए जाता है। दोनों में बहुत ही सौहार्द है। मदन भी बाहर किशोरनाथ के साथ और घर आने पर मृणालिनी की प्रेममयी वाणी से आप्यायित रहता है।

मदन का समय सुख से बीतने लगा। किन्तु बनर्जी महाशय के सपरिवार बाहर जाने की बातों ने एक बार उसके हृदय को उद्वेगपूर्ण बना दिया। वह सोचने लगा कि मेरा क्या परिणाम होगा, क्या मुझे भी चलने के लिए आज्ञा देंगे? और, यदि ये चलने के लिए कहेंगे, तो मैं क्या करूँगा? इनके साथ जाना ठीक होगा या नहीं?

इन सब बातों को वह सोचता ही था कि इतने में किशोरनाथ ने अकस्मात् आकर उसे चौंका दिया। उसने खड़े होकर पूछा-कहिये, आप लोग किस सोच-विचार में पड़े हुए हैं? कहाँ जाने का विचार है?

क्यों, क्या तुम न चलोगे?

कहाँ?

जहाँ हम लोग जायँ।

वही तो पूछता हूँ कि आप लोग कहाँ जायँगे?

सीलोन।

तो मुझसे भी आप वहाँ चलने के लिये कहते हैं?

इसमें तुम्हारी हानि ही क्या है?

(यज्ञोपवीत दिखाकर) इसकी ओर भी तो ध्यान कीजिये!

तो क्या समुद्र-यात्रा तुम नहीं कर सकते?

सुना है कि वहाँ जाने से धर्म नष्ट हो जाता है!

क्यों? जिस तरह तुम यहाँ भोजन बनाते हो, उसी तरह वहाँ भी बनाना।

जहाज पर भी चढऩा होगा!

उसमें हर्ज ही क्या है? लोग गंगासागर और जगन्नाथजी जाते समय जहाज पर नहीं चढ़ते?

मदन अब निरुत्तर हुआ; किन्तु उत्तर सोचने लगा। इतने ही में उधर से मृणालिनी आती हुई दिखायी पड़ी। मृणालिनी को देखते ही उसके विचाररूपी मोतियों को प्रेम-हंस ने चुग लिया और उसे उसकी बुद्धि और भी भ्रमपूर्ण जान पड़ने लगी।

मृणालिनी ने पूछा-क्यों मदन, तुम बाबा के साथ न चलोगे?

जिस तरह वीणा की झंकार से मस्त होकर मृग स्थिर हो जाता है, अथवा मनोहर वंशी की तान से झूमने लगता है, वैसे ही मृणालिनी के मधुर स्वर में मुग्ध मदन ने कह दिया-क्यों न चलूँगा।

-- --

सारा संसार घड़ी-घड़ी-भर पर, पल-पल-भर पर, नवीन-सा प्रतीत होता है और इससे उस विश्वयन्त्र को बनाने वाले स्वतन्त्र की बड़ी भारी निपुणता का पता लगता है; क्योंकि नवीनता की यदि रचना न होती, तो मानव-समाज को यह संसार और ही तरह का भासित होता। फिर उसे किसी वस्तु की चाह न होती, इतनी तरह के व्यावहारिक पदार्थों की कुछ भी आवश्यकता न होती। समाज, राज्य और धर्म के विशेष परिवर्तन-रूपी पट में इसकी मनोहर मूर्ति और भी सलोनी देख पड़ती है। मनुष्य बहुप्रेमी क्यों हो जाता है? मानवों की प्रवृत्ति क्यों दिन-रात बदला करती है? नगर-निवासियों को पहाड़ी घाटियाँ सौन्दर्यमयी प्रतीत होती हैं? विदेश-पर्यटन में क्यों मनोरंजन होता है? मनुष्य क्यों उत्साहित होता है? इत्यादि प्रश्नों के उत्तर में केवल यही कहा जा सकता है कि नवीनता की प्रेरणा!

नवीनता वास्तव में ऐसी ही वस्तु है कि जिससे मदन को भारत से सीलोन तक पहुँच जाना कुछ कष्टकर न हुआ।

विशाल सागर के वक्षस्थल पर दानव-राज की तरह वह जहाज अपनी चाल और उसकी शक्ति दिखा रहा है। उसे देखकर मदन को द्रौपदी और पाण्डवों को लादे हुए घटोत्कच का ध्यान आता था।

उत्ताल तरंगों की कल्लोल-माला अपना अनुपम दृश्य दिखा रही है। चारों ओर जल-ही-जल है, चन्द्रमा अपने पिता की गोद में क्रीड़ा करता हुआ आनन्द दे रहा है। अनन्त सागर में अनन्त आकाश-मण्डल के असंख्य नक्षत्र अपने प्रतिबिम्ब दिखा रहे हैं।

मदन तीन-चार बरस में युवक हो गया है। उसकी भावुकता बढ़ गयी थी। वह समुद्र का सुन्दर दृश्य देख रहा था। अकस्मात् एक प्रकाश दिखायी देने लगा। वह उसी को देखने लगा।

उस मनोहर अरुण का प्रकाश नील जल को भी आरक्तिम बनाने की चेष्टा करने लगा। चंचल तरंगों की लहरियाँ सूर्य की किरणों से क्रीड़ा करने लगीं। मदन उस अनन्त समुद्र को देखकर डरा नहीं किन्तु अपने प्रेममय हृदय का एक जोड़ा देखकर और भी प्रसन्न हुआ वह निर्भीक हृदय से उन लोगों के साथ सीलोन पहुँचा।

-- --

अमरनाथ के विशाल भवन में रहने से मदन को बड़ी ही प्रसन्नता है। मृणालिनी और मदन उसी प्रकार से मिलते-जुलते हैं, जैसे कलकत्ते में मिलते-जुलते थे। लवण-महासमुद्र की महिमा दोनों ही को मनोहर जान पड़ती है। प्रशान्त महासागर के तट की सन्ध्या दोनों के नेत्रों को ध्यान में लगा देती है। डूबते हुए सूर्यदेव देव-तुल्य हृदयों को संसार की गति दिखलाते हैं, अपने राग की आभा उन प्रभातमय हृदयों पर डालते हैं, दोनों ही सागर-तट पर खड़े सिन्धु की तरंग-भंगियों को देखते हैं; फिर भी दोनों ही दोनों की मनोहर अंग-भंगियों में भूले हुए हैं।

महासमुद्र के तट पर बहुत समय तक खड़े होकर मृणालिनी और मदन उस अनन्त का सौन्दर्य देखते थे। अकस्मात् बैण्ड का सुरीला राग सुनाई दिया, जो कि सिन्धु गर्जन को भी भेद कर निकलता था।

मदन, मृणालिनी-दोनों एकाग्रचित्त हो उस ओजस्विनी कविवाणी को जातीय संगीत में सुनने लगे। किन्तु वहाँ कुछ दिखाई न दिया। चकित होकर वे सुन रहे थे। प्रबल वायु भी उत्ताल तरंगों को हिलाकर उनको डराता हुआ उसी की प्रतिध्वनि करता था। मन्त्र-मुग्ध के समान सिन्धु भी अपनी तरंगों के घात-प्रतिघात पर चिढ़कर उन्हीं शब्दों को दुहराता है। समुद्र को स्वीकार करते देख कर अनन्त आकाश भी उसी की प्रतिध्वनि करता है।

धीरे-धीरे विशाल सागर के हृदय को फाड़ता हुआ एक जंगी जहाज दिखाई पड़ा। मदन और मृणालिनी, दोनों ही, स्थिर दृष्टि से उसकी ओर देखते रहे। जहाज अपनी जगह पर ठहरा और इधर पोर्ट-संरक्षक ने उस पर सैनिकों के उतरने के लिए यथोचित प्रबन्ध किया।

समुद्र की गम्भीरता, सन्ध्या की निस्तब्धता और बैण्ड के सुरीले राग ने दोनों के हृदयों को सम्मोहित कर लिया, और वे इन्हीं सब बातों की चर्चा करने लग गये।

मदन ने कहा-मृणालिनी, यह बाजा कैसा सुरीला है!

मृणालिनी का ध्यान टूटा। सहसा उसके मुख से निकला-तुम्हारे कल-कण्ठ से अधिक नहीं है।

इसी तरह दिन बीतने लगे। मदन को कुछ काम नहीं करना पड़ता था। जब कभी उसका जी चाहता, तब वह महासागर के तट पर जाकर प्रकृति की सुषमा को निरखता और उसी में आनन्दित होता था। वह प्रायः गोता लगाकर मोती निकालने वालों की ओर देखा करता और मन-ही-मन उनकी प्रशंसा किया करता था।

मदन का मालिक भी उसको कभी कोई काम करने के लिये आज्ञा नहीं देता था। वह उसे बैठा देखकर मृणालिनी के साथ घूमने के लिए जाने की आज्ञा देता था। उसका स्वभाव ही ऐसा सरल था कि सभी सहवासी उससे प्रसन्न रहते थे, वह भी उनसे खूब हिल-मिलकर रहता था।

-- --

संसार भी बड़ा प्रपञ्चमय यन्त्र है। वह अपनी मनोहरता पर आप ही मुग्ध रहता है।

एक एकान्त कमरे में बैठे हुए मृणालिनी और मदन ताश खेल रहे हैं; दोनों जी-जान से अपने-अपने जीतने की कोशिश कर रहे हैं।

इतने ही में सहसा अमरनाथ बाबू उस कोठरी में आये। उनके मुख-मण्डल पर क्रोध झलकता था। वह आते ही बोले-क्यों रे दुष्ट! तू बालिका को फुसला रहा है?

मदन तो सुनकर सन्नाटे में आ गया। उसने नम्रता के साथ होकर पूछा-क्यों पिता, मैंने क्या किया?

अमरनाथ-अभी पूछता ही है! तू इस लडक़ी को बहका कर अपने साथ लेकर दूसरी जगह

भागना चाहता है?

मदन-बाबूजी, यह आप क्या कह रहे हैं? मुझ पर आप इतना अविश्वास कर रहे हैं? किसी दुष्ट ने आपसे झूठी बात कही है।

अमरनाथ-अच्छा, तुम यहाँ से चलो और अब से तुम दूसरी कोठरी में रहा करो। मृणालिनी को और तुमको अगर हम एक जगह अब देख पावेंगे तो समझ रक्खो-समुद्र के गर्भ में ही तुमको स्थान मिलेगा।

मदन, अमरनाथ बाबू के पीछे चला। मृणालिनी मुरझा गयी, मदन के ऊपर अपवाद लगाना उसके सुकुमार हृदय से सहा नहीं गया। वह नव-कुसुमित पददलित आश्रय-विहीन माधवी-लता के समान पृथ्वी पर गिर पड़ी और लोट-लोटकर रोने लगी।

मृणालिनी ने दरवाजा भीतर से बन्द कर लिया और वहीं लोटती हुई आँसुओं से हृदय की जलन को बुझाने लगी।

कई घण्टे के बाद जब उसकी माँ ने जाकर किवाड़ खुलवाये, उस समय उसकी रेशमी साड़ी का आँचल भींगा हुआ, उसका मुख सूखा हुआ और आँखें लाल-लाल हो आयी थीं। वास्तव में वह मदन के लिये रोई थी। इसी से उसकी यह दशा हो गयी। सचमुच संसार बड़ा प्रपञ्चमय है।

-- --

दूसरे घर में रहने से मदन बहुत घबड़ाने लगा। वह अपना मन बहलाने के लिए कभी-कभी समुद्र-तट पर बैठकर गद्द्द हो सूर्य-भगवान का पश्चिम दिशा से मिलना देखा करता था; और जब तक वह अस्त न हो जाते थे, तब तक बराबर टकटकी लगाये देखता था। वह अपने चित्त में अनेक कल्पना की लहरें उठाकर समुद्र और अपने हृदय से तुलना भी किया करता था।

मदन का अब इस संसार में कोई नहीं है। माता भारत में जीती है या मर गयी-यह भी बेचारे को नहीं मालूम! संसार की मनोहरता, आशा की भूमि, मदन के जीवन-स्रोत का जल, मदन के हृदय-कानन का अपूर्व पारिजात, मदन के हृदय-सरोवर की मनोहर मृणालिनी भी अब उससे अलग कर दी गई है। जननी, जन्मभूमि, प्रिय, कोई भी तो मदन के पास नहीं है? इसी से उसका हृदय आलोड़ित होने लगा, और वह अनाथ बालक ईष्र्या से भरकर अपने अपमान की ओर ध्यान देने लगा। उसको भली-भाँति विश्वास हो गया कि इस परिवार के साथ रहना ठीक नहीं है। जब इन्होंने मेरा तिरस्कार किया, तो अब इन्हीं के आश्रित होकर क्यों रहूँ?

यह सोचकर उसने अपने चित्त में कुछ निश्चय किया और कपड़े पहनकर समुद्र की ओर घूमने के लिए चल पड़ा। राह में वह अपनी उधेड़बुन में चला जाता था कि किसी ने पीठ पर हाथ रक्खा। मदन ने पीछे देखकर कहा-आह, आप हैं किशोर बाबू?

किशोरनाथ ने हँसकर कहा-कहाँ बगदादी-ऊँट की तरह भागे जाते हो?

कहीं तो नहीं, यहीं समुद्र की ओर जा रहा हूँ।

समुद्र की ओर क्यों?

शरण माँगने के लिए।

यह बात मदन ने डबडबायी हुई आँखों से किशोर की ओर देखकर कही।

किशोर ने रुमाल से मदन के आँसू पोंछते-पोंछते कहा-मदन, हम जानते हैं कि उस दिन बाबूजी ने जो तिरस्कार किया था, उससे तुमको बहुत दुःख है। मगर सोचो तो, इसमें दोष किसका है? यदि तुम उस रोज मृणालिनी को बहकाने का उद्योग न करते, तो बाबूजी तुम पर क्यों अप्रसन्न होते?

अब तो मदन से नहीं रहा गया। उसने क्रोध से कहा-कौन दुष्ट उस देवबाला पर झूठा अपवाद लगाता है? और मैंने उसे बहकाया है? इस बात का कौन साक्षी है? किशोर बाबू! आप लोग मालिक हैं, जो चाहें सो कहिये। आपने पालन किया है, इसलिए, यदि आप आज्ञा दें तो मदन समुद्र में भी कूद पड़ने के लिए तैयार है, मगर अपवाद और अपमान से बचाये रहिये।

कहते-कहते मदन का मुख क्रोध से लाल हो आया, आँखों में आँसू भर आये, उसके आकार से उस समय दृढ़ प्रतिज्ञा झलकती थी।

किशोर ने कहा-इस बारे में विशेष हम कुछ नहीं जानते, केवल माँ के मुख से सुना था कि जमादार ने बाबूजी से तुम्हारी निन्दा की है और इसी से वह तुम पर बिगड़े हैं।

मदन ने कहा-आप लोग अपनी बाबूगीरी में भूले रहते हैं और ये बेईमान आपका सब माल खाते हैं। मैंने उस जमादार को मोती निकालनेवालों के हाथ मोती बेचते देखा; मैंने पूछा-क्यों, तुमने मोती कहाँ पाया? तब उसने गिड़गिड़ाकर, पैर पकड़कर, मुझसे कहा-बाबूजी से न कहियेगा। मैंने उसे डाँटकर फिर ऐसा काम न करने के लिए कहकर छोड़ दिया, आप लोगों से नहीं कहा। इसी कारण वह ऐसी चाल चलता है और आप लोगों ने भी बिना सोचे-समझे उसकी बात पर विश्वास कर लिया है।

यों कहते-कहते मदन उठ खड़ा हो गया। किशोर ने उसका हाथ पकड़कर बैठाया और आप भी बैठकर कहने लगा-मदन, घबड़ाओ मत, थोड़ी देर बैठकर हमारी बात सुनो। हम उसको दण्ड देंगे और तुम्हारा अपवाद भी मिटावेंगे। मगर हम एक बात जो कहते हैं, उसे ध्यान देकर सुनो। मृणालिनी अब बालिका नहीं है, और तुम भी बालक नहीं हो। तुम्हारे-उसके जैसे भाव हैं, सो भी हमसे छिपे नहीं हैं। फिर ऐसी जगह पर हम तो यही चाहते हैं कि तुम्हारा और मृणालिनी का ब्याह हो जाय।

-- --

मदन ब्याह का नाम सुनकर चौंक पड़ा, और मन में सोचने लगा कि यह कैसी बात? कहाँ हम युक्तप्रान्त-निवासी अन्यजातीय, और कहाँ ये बंगाली ब्राह्मण, फिर ब्याह किस तरह हो सकता है! हो-न-हो ये मुझे भुलावा देते हैं। क्या मैं इनके साथ अपना धर्म नष्ट करूँगा? क्या इसी कारण ये लोग मुझे इतना सुख देते हैं और खूब खुलकर मृणालिनी के साथ घूमने-फिरने और रहने देते थे? मृणालिनी को मैं जी से चाहता हूँ, और जहाँ तक देखता हूँ, मृणालिनी भी मुझसे कपट-प्रेम नहीं करती। किन्तु यह ब्याह नहीं हो सकता क्योंकि इसमें धर्म और अधर्म दोनों का डर है। धर्म का निर्णय करने की मुझमें शक्ति नहीं है। मैंने ऐसा ब्याह होते न देखा है और न सुना है, फिर कैसे यह ब्याह करूँ?

इन्हीं बातों को सोचते-सोचते बहुत देर हो गयी। जब मदन को यह सुन पड़ा कि 'अच्छा, सोचकर हमसे कहना', तब वह चौंक पड़ा और देखा तो किशोरनाथ जा रहा है।

मदन ने किशोरनाथ के जाने पर कुछ विशेष ध्यान नहीं दिया और फिर अपने विचारों के सागर में मग्न हो गया।

फिर मृणालिनी का ध्यान आया, हृदय धड़कने लगा। मदन की चिन्ता-शक्ति का वेग रुक गया और उसके मन में यही समाया कि ऐसे धर्म को मैं दूर ही से हाथ जोड़ता हूँ! मृणालिनी-प्रेम-प्रतिमा मृणालिनी-को मैं नहीं छोड़ सकता।

मदन इसी मन्तव्य को स्थिर कर, समुद्र की ओर मुख कर, उसकी गम्भीरता निहारने लगा।

वहाँ पर कुछ धनी लोग पैसा फेंककर उसे समुद्र से ले आने का तमाशा देख रहे थे। मदन ने सोचा कि प्रेमियों का जीवन 'प्रेम' है और सज्जनों का अमोघ धन 'धर्म' है। ये लोग अपने प्रेम-जीवन की परवाह न कर धर्म-धन को बटोरते हैं और फिर इनके पास जीवन और धन दोनों चीजें दिखाई पड़ती हैं। तो क्या मनुष्य इनका अनुकरण नहीं कर सकता? अवश्य कर सकता है। प्रेम ऐसी तुच्छ वस्तु नहीं है कि धर्म को हटाकर उस स्थान पर आप बैठे। प्रेम महान है, प्रेम उदार है। प्रेमियों को भी

वह उदार और महान बनाता है। प्रेम का मुख्य अर्थ है 'आत्मत्याग'। तो क्या मृणालिनी से ब्याह कर लेना ही प्रेम में गिना जायेगा? नहीं-नहीं, वह घोर स्वार्थ है। मृणालिनी को मैं जन्म-भर प्रेम से हृदय-मन्दिर में बिठाकर पूजूँगा, उसकी सरल प्रतिमा को पंङ्क में न लपेटूँगा। परन्तु ये लोग जैसा बर्ताव करते हैं, उससे सम्भव है कि मेरे विचार पलट जायँ। इसलिए अब इन लोगों से दूर रहना ही उचित है।

मदन इन्हीं बातों को सोचता हुआ लौट आया, और जो अपना मासिक वेतन जमा किया था वह-तथा कुछ कपड़े आदि आवश्यक सामान लेकर वहाँ से चला गया। जाते समय उसने एक पत्र लिखकर वहीं छोड़ दिया।

जब बहुत देर तक लोगों ने मदन को नहीं देखा, तब चिन्तित हुए। खोज करने से उनको मदन का पत्र मिला, जिसे किशोरनाथ ने पढ़ा और पढ़कर उसका मर्म पिता को समझा दिया।

पत्र का भाव समझते ही उनकी सब आशा निर्मूल हो गयी। उन्होंने कहा-किशोर, देखो, हमने सोचा था कि मृणालिनी किसी कुलीन हिन्द को समर्पित हो, परन्तु वह नहीं हुआ। इतना व्यय और परिश्रम, जो मदन के लिए किया गया, सब व्यर्थ हुआ। अब वह कभी मृणालिनी से ब्याह नहीं करेगा, जैसा कि उसके पत्र से विदित होता है।

आपके उस व्यवहार ने उसे और भी भड़क़ा दिया। अब वह कभी ब्याह न करेगा।

मृणालिनी का क्या होगा?

जो उसके भाग्य में है!

क्या जाते समय मदन ने मृणालिनी से भी भेंट नहीं की?

पूछने से मालूम होगा।

इतना कहकर किशोर मृणालिनी के पास गया। मदन उससे भी नहीं मिला था। किशोर ने आकर पिता से सब हाल कह दिया।

अमरनाथ बहुत ही शोकग्रस्त हुए। बस, उसी दिन से उनकी चिन्ता बढ़ने लगी। क्रमश: वह नित्य ही मद्य-सेवन करने लगे। वह तो प्राय: अपनी चिन्ता दूर करने के लिए मद्य-पान करते थे, किन्तु उसका फल उलटा हुआ-उनकी दशा और भी बुरी हो चली, यहाँ तक कि वह सब समय पान करने लगे, काम-काज देखना-भालना छोड़ दिया।

नवयुवक 'किशोर' बहुत चिन्तित हुआ, किन्तु वह धैर्य के साथ सांसारिक कष्ट सहने लगा।

मदन के चले जाने से मृणालिनी को बड़ा कष्ट हुआ। उसे यह बात और भी खटकती थी कि मदन जाते समय उससे क्यों नहीं मिला। वह यह नहीं समझती थी कि मदन यदि जाते समय उससे मिलता, तो जा नहीं सकता था।

मृणालिनी बहुत विरक्त हो गयी। संसार उसे सूना दिखाई देने लगा। किन्तु वह क्या करे? उसे अपनी मानसिक व्यथा सहनी ही पड़ी।

-- --

मदन ने अपने एक मित्र के यहाँ जाकर डेरा डाला। वह भी मोती का व्यापार करता था। बहुत सोचने-विचारने के उपरान्त उसने भी मोती का ही व्यवसाय करना निश्चित किया।

मदन नित्य सन्ध्या के समय, मोती के बाजार में जा, मछुए लोग जो अपने मेहनताने में मिली हुई मोतियों की सीपियाँ बेचते थे-उनको खरीदने लगा; क्योंकि इसमें थोड़ी पूँजी से अच्छी तरह काम चल सकता था। ईश्वर की कृपा से उसको नित्य विशेष लाभ होने लगा।

संसार में मनुष्य की अवस्था सदा बदलती रहती है। वही मदन, जो तिरस्कार पाकर दासत्व

छोड़ने पर लक्ष्य-भ्रष्ट हो गया था, अब एक प्रसिद्ध व्यापारी बन गया।

मदन इस समय सम्पन्न हो गया। उसके यहाँ अच्छे-अच्छे लोग मिलने-जुलने आने लगे। उसने नदी के किनारे एक बहुत सुन्दर बँगला बनवा लिया है; उसके चारों ओर सुन्दर बगीचा भी है। व्यापारी लोग उत्सव के अवसरों पर उसको निमन्त्रण देते हैं; वह भी अपने यहाँ कभी-कभी उन लोगों को निमन्त्रित करता है। संसार की दृष्टि में वह बहुत सुखी था, यहाँ तक कि बहुत लोग उससे डाह करने लगे। सचमुच संसार बड़ा आडम्बर-प्रिय है!

-- --

मदन सब प्रकार से शारीरिक सुख भोग करता था; पर उसके चित्त-पट पर किसी रमणी की मलिन छाया निरन्तर अंकित रहती थी; जो उसे कभी-कभी बहुत कष्ट पहुँचाती थी। प्राय: वह उसे विस्मृति के जल से धो डालना चाहता था। यद्यपि वह चित्र किसी साधारण कारीगर का अंकित किया हुआ नहीं था कि एकदम लुप्त हो जाय, तथापि वह बराबर उसे मिटा डालने की ही चेष्टा करता था।

अकस्मात् एक दिन, जब सूर्य की किरणें सुवर्ण-सी सु-वर्ण आभा धारण किए हुई थीं, नदी का जल मौज में बह रहा था, उस समय मदन किनारे खड़ा हुआ स्थिर भाव से नदी की शोभा निहार रहा था। उसको वहाँ कई-एक सुसज्जित जलयान देख पड़े। उसका चित्त, न जाने क्यों उत्कण्ठित हुआ। अनुसन्धान करने पर पता लगा कि वहाँ वार्षिक जल-विहार का उत्सव होता है, उसी में लोग जा रहे हैं।

मदन के चित्त में भी उत्सव देखने की आकांक्षा हुई। वह भी अपनी नाव पर चढ़कर उसी ओर चला। कल्लोलिनी की कल्लोलों में हिलती हुई वह छोटी-सी सुसज्जित तरी चल दी।

मदन उस स्थान पर पहुँचा, जहाँ नावों का जमाव था। सैकड़ों बजरे और नौकाएँ अपने नीले-पीले, हरे-लाल निशान उड़ाती हुई इधर-उधर घूम रही हैं। उन पर बैठे हुए मित्र लोग आपस में आमोद-प्रमोद कर रहे हैं। कामिनियाँ अपने मणिमय अलंकारों की प्रभा से उस उत्सव को आलोकमय किये हुई हैं।

मदन भी अपनी नाव पर बैठा हुआ एकटक इस उत्सव को देख रहा है। उसकी आँखें जैसे किसी को खोज रही हैं। धीरे-धीरे सन्ध्या हो गयी। क्रमश: एक, दो, तीन तारे दिखाई दिये। साथ ही, पूर्व की तरफ, ऊपर को उठते हुए गुब्बारे की तरह चंद्रबिम्ब दिखाई पड़ा। लोगों के नेत्रों में आनन्द का उल्लास छा गया। इधर दीपक जल गये। मधुर संगीत, शून्य की निस्तब्धता में, और भी गूँजने लगा। रात के साथ ही आमोद-प्रमोद की मात्रा बढ़ी।

परन्तु मदन के हृदय में सन्नाटा छाया हुआ है। उत्सव के बाहर वह अपनी नौका को धीरे-धीरे चला रहा है। अकस्मात् कोलाहल सुनाई पड़ा, वह चौंककर उधर देखने लगा। उसी समय कोई चार-पाँच हाथ दूर एक काली-सी चीज दिखाई दी। अस्त हो रहे चन्द्रमा का प्रकाश पड़ने से कुछ वस्तु भी दिखाई देने लगा। वह बिना कुछ सोचे-समझे ही जल में कूद पड़ा और उसी वस्तु के साथ बह चला।

ऊषा की आभा पूर्व में दिखाई पड़ रही है। चन्द्रमा की मलिन ज्योति तारागण को भी मलिन कर रही है।

तरंगों से शीतल दक्षिण-पवन धीरे-धीरे संसार को निद्रा से जगा रहा है। पक्षी भी कभी-कभी बोल उठते हैं।

निर्जन नदी-तट में एक नाव बँधी है, और बाहर एक सुकुमारी सुन्दरी का शरीर अचेत अवस्था में पड़ा हुआ है। एक युवक सामने बैठा हुआ उसे होश में लाने का उद्योग कर रहा है। दक्षिण-पवन भी उसे इस शुभ काम में बहुत सहायता दे रहा है।

सूर्य की पहली किरण का स्पर्श पाते ही सुन्दरी के नेत्र-कमल धीरे-धीरे विकसित होने लगे।

युवक ने ईश्वर को धन्यवाद दिया और झुककर उस कामिनी से पूछा-मृणालिनी, अब कैसी हो?

मृणालिनी ने नेत्र खोलकर देखा। उसके मुख-मण्डल पर हर्ष के चिह्न दिखाई पड़े। उसने कहा-प्यारे मदन, अब अच्छी हूँ!

प्रणय का भी वेग कैसा प्रबल है! यह किसी महासागर की प्रचण्ड आँधी से कम प्रबलता नहीं रखता। इसके झोंके में मनुष्य की जीवन-नौका असीम तरंगों से घिर कर प्राय: कूल को नहीं पाती। अलौकिक आलोकमय अन्धकार में प्रणयी अपनी प्रणय-तरी पर आरोहण कर उसी आनन्द के महासागर में घूमना पसन्द करता है, कूल की ओर जाने की इच्छा भी नहीं करता।

इस समय मदन और मृणालिनी दोनों की आँखों से आँसुओं की धारा धीरे-धीरे बह रही है। चंचलता का नाम भी नहीं है। कुछ बल आने पर दोनों उस नाव में जा बैठे।

मदन ने मल्लाहों को पास के गाँव से दूध या और कुछ भोजन की वस्तु लाने के लिए भेजा। फिर दोनों ने बिछुड़ने के उपरान्त की सब कथा परस्पर कह सुनाई।

मृणालिनी कहने लगी-भैया किशोरनाथ से मैं तुम्हारा सब हाल सुना करती थी। पर वह कहा करते थे कि तुमसे मिलने में उनको संकोच होता हैं। इसका कारण उन्होंने कुछ नहीं बतलाया। मैं भी हृदय पर पत्थर रखकर तुम्हारे प्रणय को आज तक स्मरण कर रही हूँ।

मदन ने बात टालकर पूछा-मृणालिनी, तुम जल में कैसे गिरीं?

मृणालिनी ने कहा-मुझे बहुत उदास देख भैया ने कहा, चलो तुम्हें एक तमाशा दिखलावें, सो मैं भी आज यहाँ मेला देखने आयी। कुछ कोलाहल सुनकर मैं नाव पर खड़ी हो देखने लगी। दो नाववालों में झगड़ा हो रहा था। उन्हीं के झगड़े में हाथापाई में नाव हिल गयी और मैं गिर पड़ी। फिर क्या हुआ, सो मैं कुछ नहीं जानती।

इतने में दूर से एक नाव आती हुई दिखायी पड़ी, उस पर किशोरनाथ था। उसने मृणालिनी को देखकर बहुत हर्ष प्रकट किया, और सब लोग मिलकर बहुत आनन्दित हुए।

बहुत कुछ बातचीत होने के उपरान्त मृणालिनी और किशोर दोनों ने मदन के घर चलना स्वीकार किया। नावें नदी-तट पर स्थित मदन के घर की ओर बढ़ीं। उस समय मदन को एक दूसरी ही चिन्ता थी।

भोजन के उपरान्त किशोरनाथ ने कहा-मदन, हम अब भी तुमको छोटा भाई ही समझते हैं; पर तुम शायद हमसे कुछ रुष्ट हो गये हो।

मदन ने कहा-भैया, कुछ नहीं। इस दास से जो कुछ ढिठाई हुई हो, उसे क्षमा करना, मैं तो आपका वही मदन हूँ।

इसी तरह की बहुत-सी बातें होती रहीं, और फिर दूसरे दिन किशोरनाथ मृणालिनी को साथ लेकर अपने घर गया।

-- --

अमरनाथ बाबू की अवस्था बड़ी शोचनीय है। वह एक प्रकार से मद्य के नशे में चूर रहते हैं। काम-काज देखना सब छोड़ दिया है। अकेला किशोरनाथ काम-काज सँभालने के लिए तत्पर हुआ, पर उसके व्यापार की दशा अत्यन्त शोचनीय होती गयी, और उसके पिता का स्वास्थ्य भी बिगड़ चला। क्रमश: उसको चारों ओर अन्धकार दिखाई देने लगा।

संसार की कैसी विलक्षण गति है! जो बाबू अमरनाथ एक समय सारे सीलोन में प्रसिद्ध व्यापारी गिने जाते थे, और व्यापारी लोग जिनसे सलाह लेने के लिए तरसते थे, वही अमरनाथ इस समय कैसी अवस्था में हैं! कोई उनसे मिलने भी नहीं आता!

किशोरनाथ एक दिन अपने आफिस में बैठा कार्य देख रहा था। अकस्मात् मृणालिनी भी उसी स्थान में आ गयी और एक कुर्सी खींचकर बैठ गयी। उसने किशोर से कहा-क्यों भैया, पिताजी की कैसी अवस्था है? काम-काज की भी दशा अच्छी नहीं है, तुम भी चिन्ता से व्याकुल रहते हो, यह क्या है?

किशोरनाथ-बहन कुछ न पूछो, पिताजी की अवस्था तो तुम देख ही रही हो। काम-काज की अवस्था भी अत्यन्त शोचनीय हो रही है। पचास लाख रुपये के लगभग बाजार का देना है; और आफिस का रुपया सब बाजार में फँस गया है, जो कि काम देखे-भाले बिना पिताजी की अस्वस्थता के कारण दब-सा गया है। इसी सोच में बैठा हुआ हूँ कि ईश्वर क्या करेंगे!

मृणालिनी भयातुर हो गयी। उसके नेत्रों से आँसुओं की धारा बहने लगी। किशोर उसे समझाने लगा; फिर बोला-केवल एक ईमानदार कर्मचारी अगर काम-काज की देख-भाल किया करता, तो यह अवस्था न होती। आज यदि मदन होता, तो हम लोगों की यह दशा न होती।

मदन का नाम सुनते ही मृणालिनी कुछ विवर्ण हो गयी और उसकी आँखों में आँसू भर आये। इतने में दरबान ने आकर कहा-सरकार, एक रजिस्ट्री चिट्ठी मृणालिनी देवी के नाम से आयी है, डाकिया बाहर खड़ा है।

किशोर ने कहा-बुला लाओ।

किशोर ने वह रजिस्ट्री लेकर खोली। उसमें एक पत्र और एक स्टाम्प का कागज था। देखकर किशोर ने मृणालिनी के आगे फेंक दिया। मृणालिनी ने फिर वह पत्र किशोर के हाथ में देकर पढ़ने के लिये कहा। किशोर पढ़ने लगा।

मृणालिनी!

आज मैं तुमको पत्र लिख रहा हूँ। आशा है कि तुम इसे ध्यान देकर पढ़ोगी। मैं एक अनजाने स्थान का रहनेवाला कंगाल के भेष में तुमसे मिला और तुम्हारे परिवार में पालित हुआ। तुम्हारे पिता ने मुझे आश्रय दिया, और मैं सुख से तुम्हारा मुख देखकर दिन बिताने लगा। पर दैव को वह भी ठीक न जँचा! अच्छा, जैसी उसकी इच्छा! पर मैं तुम्हारे परिवार को सदा स्नेह की दृष्टि से देखता हूँ। बाबू अमरनाथ के कहने-सुनने का मुझे कुछ ध्यान भी नहीं है, मैं उसे आशीर्वाद समझता हूँ। मेरे चित्त में उसका तनिक भी ध्यान नहीं है, पर केवल पश्चात्ताप यह है कि मैं उनसे बिना कहे-सुने चला आया। अच्छा, इसके लिए उनसे क्षमा माँग लेना और भाई किशोरनाथ से भी मेरा यथोचित अभिवादन कह देना।

अब कुछ आवश्यक बातें मैं लिखता हूँ, उन्हें ध्यान से पढ़ो। जहाँ तक सम्भव है, उनके करने में तुम आगा-पीछा न करोगी-यह मुझे विश्वास है। मुझे तुम्हारे परिवार की दशा अच्छी तरह विदित है, मैं उसे लिखकर तुम्हारा दुःख नहीं बढ़ाना चाहता। सुनो, यह एक 'बिल' है जिसमें मैंने अपनी सब सीलोन की सम्पत्ति तुम्हारे नाम लिख दी है। वह तुम्हारी ही है, उसे लेने में तुमको कुछ संकोच न करना चाहिये। वह सब तुम्हारे ही रुपये का लाभ है। जो धन मैं वेतन में पाता था, वही मूल कारण है। अस्तु, यह मूलधन, लाभ और ब्याज-सहित, तुमको लौटा दिया जाता है। इसे अवश्य स्वीकार करना, और स्वीकार करो या न करो, अब सिवा तुम्हारे इसका स्वामी कौन है? क्योंकि मैं भारतवर्ष से जिस रूप में आया था, उसी रूप में लौटा जा रहा हूँ। मैं इस पत्र को लिखकर तब भेजता हूँ, जब घर से निकलकर जहाज को रवाना हो चुका हूँ। अब तुमसे भेंट भी नहीं हो सकती। तुम यदि आओ भी, तो उस समय मैं जहाज पर होऊँगा। तुमसे मेरी केवल यही प्रार्थना है कि 'तुम मुझे भूल जाना'।-मदन

यह पत्र पढ़ते ही मृणालिनी की और किशोरनाथ की अवस्था दूसरी ही हो गयी। मृणालिनी ने कातर स्वर से कहा-भैया, क्या समुद्र-तट तक चल सकते हो?

किशोरनाथ ने खड़े होकर कहा-अवश्य!

बस, तुरन्त ही एक गाड़ी पर सवार होकर दोनों समुद्र-तट की ओर चले। ज्योंही वे पहुँचे, त्योंही जहाज तट छोड़ चुका था। उस समय व्याकुल होकर मृणालिनी की आँखें किसी को खोज रही थीं। किन्तु अधिक खोज नहीं करनी पड़ी।

किशोर और मृणालिनी दोनों ने देखा कि गेरुए रंग का कपड़ा पहिने हुए एक व्यक्ति दोनों को हाथ जोड़े हुए जहाज पर खड़ा है, और जहाज शीघ्रता के साथ समुद्र के बीच में चला जा रहा है!

मृणालिनी ने देखा कि बीच में अगाध समुद्र है!

ध्रुवस्वामिनी

सूचना

विशाखदत्त-द्वारा रचित 'देवीचन्द्रगुप्त' नाटक के कुछ अंश 'शृंगार-प्रकाश' और 'नाट्य-दर्पण' से सन् 1923 की ऐतिहासिक पत्रिकाओं में उद्धृत हुए। तब चन्द्रगुप्त द्वितीय विक्रमादित्य के जीवन के सम्बन्ध में जो नयी बातें प्रकाश में आयीं, उनसे इतिहास के विद्वानों में अच्छी हलचल मच गयी। शास्त्रीय मनोवृत्ति वालों को, चन्द्रगुप्त के साथ ध्रुवस्वामिनी का पुनर्लग्न असम्भव, विलक्षण और कुरुचिपूर्ण मालूम हुआ। यहाँ तक कि आठवीं शताब्दी के संजात ताम्रपत्र -

हत्वा भ्रातरंमेव राज्यमहरद्देवीं स दीनस्तथा।
लक्षं कोटिमलेखयन् किल किलौ दाता सगुप्तान्वयः॥

के पाठ में संदेह किया जाने लगा :

किन्तु जिस ऐतिहासिक घटना का वर्णन करते हुए सातवीं शताब्दी में बाणभट्ट ने लिखा है -

अरिपुरे च परकलत्रकामुकं कामिनीवेश- श्चन्द्रगुप्तां शतपतिमशातयत्।

और ग्यारहवीं शताब्दी में राजशेखर ने भी लिखा है-

दत्वारुद्धगतिं खसाधिपतये देवीं ध्रुवस्वामिनीम्।
यस्मात् खंडित-साहसो निवतृते श्रीरामगुप्तोनपः॥

वह घटना केवल जनश्रुति कहकर नहीं उड़ायी जा सकती।

विशाखदत्त को तो श्री जायसवाल ने चन्द्रगुप्त की सभा का राजकवि और उसके 'देवी चन्द्रगुप्त' को जीवन चित्रण नाटक भी माना है। यह प्रश्न अवश्य ही कुछ कुतूहल से भरा हुआ है कि विशाखदत्त ने अपने दोनों नाटकों का नायक चन्द्रगुप्त-नामधारी व्यक्ति को ही क्यों बनाया। परन्तु श्रीतैलंग ने तो विशाखदत्त को सातवीं शताब्दी के अवन्तिवर्मा का आश्रित कवि माना है। क्योंकि 'मुद्राराक्षस' की किसी प्राचीन प्रति में उन्हें मुद्राराक्षस के भरत वाक्य 'पार्थिवश्चन्द्रगुप्त' के स्थान पर 'प्रार्थिवोऽवन्तिवर्मा' भी मिला। विशाखदत्त के आलोचक लोग उसे एक प्रामाणिक ऐतिहासिक नाटककार मानते हैं। उसके लिखे हुए नाटक में इतिहास का अंश कुछ न हो, ऐसा तो नहीं माना जा सकता। राखालसाद बनर्जी, प्रोफेसर अल्वेकर और जायसवाल इत्यादि ने अन्य प्रामाणिक आधार मिलने के कारण ध्रुवस्वामिनी और चन्द्रगुप्त के पुनर्लग्न को ऐतिहासिक तथ्य मान लिया है। यह कहना कि रामगुप्त नाम का कोई राजा गुप्तों की वंशवली में नहीं मिलता और न ही किसी अभिलेख में उसका वर्णन आया है, कोई अर्थ नहीं रखता। समुद्रगुप्त के शासन का उल्लंघन करके, कुछ दिनों तक साम्राज्य में उत्पात मचाकर जो राजनीति के क्षेत्र में अन्तर्ध्यान हो गया हो, उसका अभिलेख वंशावली में न मिले तो कोई आश्चर्य नहीं। हाँ, भण्डारकरजी तो कहते हैं कि उसके लघु-काल-व्यापी शासन का सूचक सिक्का भी चला था। 'काँच' के नाम से प्रसिद्ध जो गुप्त सिक्के मिलते हैं वे रामगुप्त के ही हैं। राम के स्थान पर भ्रम से काच पढ़ा जा रहा था। इसलिए बाणभट्ट की वर्णित घटना अर्थात् स्त्रीवेश धारण करके चन्द्रगुप्त का पर-कलह-कामुक शकराज को मारना और ध्रुवस्वामिनी का पुनर्विवाह इत्यादि के ऐतिहासिक सत्य होने में सन्देह नहीं रह गया है। और मुझे तो इसका स्वयं चन्द्रगुप्त की ओर से एक प्रमाण मिलता है। चन्द्रगुप्त के कुछ सिक्कों पर 'रूपकृति' शब्द का उल्लेख है। रूप

और आकृति को जॉन एलन् ने खींच-तानकर जो शारीरिक और आध्यात्मिक अर्थ किया है, वह व्यर्थ है। रूपकृति विरुद का उल्लेख करके चन्द्रगुप्त अपने उस साहसिक कार्य की स्वीकृति देता है जो धुवस्वामिनी की रक्षा के लिए उसने रूप बदलकर किया है, और जिसका पिछले काल के लेखकों ने भी समय-समय पर समर्थन किया है।

विशाखदत्त के 'देवीचन्द्रगुप्त' नाटक का जितना अंश प्रकाश में आया है, उसे देखकर अबुलहसन अली की बर्कमारिस वाली कथा का मिलान करके कई ऐतिहासिक विद्वानों ने शास्त्रीय दृष्टिकोण रखने वाले आलोचकों को उत्तर देते हुए धुवदेवी के पुनर्लग्न को ऐतिहासिक तथ्य तो मान लिया है, किन्तु भण्डारकरजी ने पराशर और नारद की स्मृतियों से काल की सामाजिक व्यवस्था में पुनर्लग्न होने का प्रमाण भी दिया है। शास्त्रों में अनुकूल और प्रतिकूल दोनों तरह की बातें मिल सकती हैं, परन्तु जिस प्रथा के लिए विधि और निषेध दोनों तरह की सूचनाएं मिलें, तो इतिहास की दृष्टि से वह उस काल में सम्भाव्य मानी जाएंगी। हाँ, समय-समय पर उनमें विरोध और सुधार हुए होंगे और होते रहेंगे। मुझे तो केवल यही देखना है कि इस घटना की सम्भावना इतिहास की दृष्टि से उचित है कि नहीं।

भारतीय दृष्टिकोण को सुरक्षित रखने वाले विशाखदत्त जैसे पण्डित ने जब अपने नाटकों में लिखा है –

रम्यांचारतिकारिणीच करुणाशोकेन नीता दशाम्
तत्कालोपगतेन राहुशिरसा गुप्तेव चांद्रीकला।

पत्युः क्लीवजनोचितेन चरितेनानेव पुंसः सतो
लज्जाकोपविषाद भीत्यरतिभिः क्षेत्रीकृता ताम्यते॥

तो उस नाटक के सम्पूर्ण सामने न रहने पर भी, जिससे कि उसके परिणाम का निश्चित पता लगे, उस काल की सामाजिक व्यवस्था को तो अंशतः स्पष्टीकरण हो ही जाता है।

नारद और पराशर के वचन -

अपत्यार्थम् स्त्रियः सृष्टाः स्त्री क्षेत्रं वीजिनो नराः
क्षेत्रं बीजवते देयं नाबीजी क्षेत्रमर्हति। (नारद)

नष्टे मृते प्रव्रजिते क्लीवे च पतौ।
पंचास्वापत्सु नारीणां पतिरन्यो विधीयते॥ (पराशर)

के प्रकाश में जब 'देवीचन्द्रगुप्त' नाटक के ऊपर वाले श्लोक का अर्थ किया जाए तो वह घटना अधिक स्पष्ट हो जाती है। रम्या है किन्तु अरतिकारिणी है, में जो श्लेष है, उसमें शास्त्र-व्यवस्था जनित ध्वनि है। और पति के क्लीवजनोचित चरित का उल्लेख, साथ-ही-साथ क्षेत्री-कृता-जैसा परिभाषित शब्द, नाटककार ने कुछ सोचकर ही लिखा होगा।

भण्डारकार और जायसवाल जी, दोनों ही ने अपने लेखों में विधवा के साथ पुनर्लग्न होने की व्यवस्था मानकर धुवदेवी का पुनर्लग्न स्वीकार किया है। किन्तु स्मृति की ही उक्त व्यवथा में अन्य पति ग्रहण करने के लिए पाँच आपत्तियों का उल्लेख किया है, उनमें केवल मृत्यु होने पर ही तो विधवा का पुनर्लग्न होगा। अन्य चार आपत्तियाँ तो पति के जीवनकाल में ही उपस्थिति होती हैं।

उधर जायसवाल चन्द्रगुप्त द्वारा रामगुप्त का वध भी नहीं मानना चाहते, तब 'देवीचन्द्रगुप्त' नाटक की कथा का उपसंहार कैसे हुआ होगा? वैवाहिक विषयों का उल्लेख स्मृतियों को छोड़कर क्या और कहीं नहीं है? क्योंकि स्मृतियों के सम्बन्ध में तो यह भी कहा जा सकता है कि वे इस युग के लिए नहीं, दूसरे युग के लिए हैं, परन्तु इसी कलियुग के विधान-ग्रंथ आचार्य कौटिल्य के 'अर्थशास्त्र' में मुझे इन स्मृतियों की पुष्टि मिली।

किस अवस्था में एक पति दूसरी स्त्री ग्रहण करता है, इसका अनुसंधान करते हुए, धर्मस्थीय प्रकरण के विवाह-संयुक्त में आचार्य कौटिल्य लिखते हैं -

वर्षाण्यष्ट वप्रजायमानामपृत्राम् वंध्यां चाकांक्षेत् दशविन्द,
द्वादश कन्या प्रसविनीम्, ततः पुत्रार्थी द्वितीयां विंदेत्।

8 वर्ष तक वन्ध्या, 10 वर्ष तक विन्द अर्थात् नश्यत्प्रसूति, 12 वर्ष तक कन्या प्रसविनी की प्रतीक्षा करके पुत्रार्थी दूसरी स्त्री ग्रहण कर सकता है। पुरुषों का अधिकार बताकर स्त्रियों के अधिकार की घोषणा भी उसी अध्याय के अन्त में है -

नीचत्वम् परदेशम् वा प्रस्थितो राजकिल्विषी।
प्राणभिहंता पतितस्त्याज्यः क्लीवोपवापतिः॥

इसका मेल पराशर या नारद के वाक्यों में मिलता है। इन्हीं अवस्थाओं में पति को छोड़ने का अधिकार स्त्रियों को था। क्योंकि 'अर्थशास्त्र' में आगे भी मोक्ष (divorce) का प्रसंग आता है, उसमें न्यायालय सम्भवतः 'अमोक्षा-भर्तुरकाम्य द्विषती भार्या भार्यायाश्च भर्ता, परस्परं द्वेषानमोक्षः' के आधार पर आदेश देता था। किन्तु साधारण द्वेष से भी जहाँ अन्य चार विवाहों में मोक्ष हो सकते थे, वहाँ धर्म-विवाह में केवल इन्हीं अवस्थाओं में पति त्याज्य समझा जाता था नहीं तो 'अमोक्षोहि धर्म विवाहानाम्' के अनुसार धर्म-विवाहों में मोक्ष नहीं होता था। दमयन्ती के पुनर्लग्न की घोषणा भी पति के नष्ट या परदेश प्रस्थित होने पर ही की गयी थी।

जायसवालजी अबुलहसन अली की यह बात नहीं मानते कि चन्द्रगुप्त ने रामगुप्त की हत्या की होगी। उनका कहना है कि चन्द्रगुप्त तो भरत की तरह बड़े भाई के लिए गद्दी छोड़ चुका था। उनका अनुमान है कि 'Very likely, it came about in the form of popular uprising.' अब नाटककार के 'अरतिकारिणी' और 'क्लीव' आदि शब्द घटना की परिणति की क्या सूचना देते हैं, यह विचारणीय है। बहुत सम्भव है कि अबुलहसन की कथा का आधार 'देवीचन्द्रगुप्त' नाटक ही हो। क्योंकि अबुलहसन के लिखने के पहले उक्त नाटक का होना माना जा सकता है।

यह ठीक है कि हमारे आचार और धर्मशास्त्र की व्यावहारिकता की परम्परा विच्छिन्न-सी है -आगे जितना सुधार या समाज-शास्त्र के परीक्षात्मक प्रयोग देखे या सुने जाते हैं, उन्हें अचिन्तित और नवीन समझकर हम बहुत शीघ्र अभारतीय कह देते हैं, किन्तु मेरा ऐसा विश्वास है कि प्राचीन आर्यावर्त्त ने समाज की दीर्घ काल-व्यापिनी परम्परा में प्रायः प्रत्येक विधा का परीक्षात्मक प्रयोग किया है। तात्कालिक कल्याणकारी परिवर्तन भी हुए हैं। इसीलिए डेढ़ हजार वर्ष पहले यह होना अस्वाभाविक नहीं था। क्या होना चाहिए और कैसा होगा, यह तो व्यव- स्थापक विचार करें; किन्तु इतिहास के आधार पर जो कुछ हो चुका या जिस घटना के घटित होने की सम्भावना है, उसी को लेकर इस नाटक की कथावस्तु का विकास किया गया है।

भण्डारकरजी का मत है कि यह युद्ध गोमती की घाटी में अल्मोड़ा जिले के कार्तिकेयपुर के समीप हुआ। जायसवालजी का मत है कि यह युद्ध 374 ई. से लेकर 380 ई. के बीच में कांगड़ा जिले के अबिबाल स्थान में हुआ था, जहाँ कि प्रथम सिक्ख युद्ध भी हुआ था।

प्रयाग की प्रशस्ति में समुद्रगुप्त की साम्राज्य-नीति में विजित राजाओं के आत्म-निवेदन 'कन्योपायन दान' ग्रहण करने का उल्लेख है। मैंने ध्रुवस्वामिनी के गुप्तकाल में आने का वही कारण माना है।

विशाखदत्त ने ध्रुवदेवी नाम लिखा है, किन्तु मुझे ध्रुवस्वामिनी नाम, जो राजशेखर के 'मुक्तक' में आया है, स्त्रीजनोचित सुन्दर, आदर-सूचक और सार्थक प्रतीत हुआ। इसीलिए मैंने उसी का व्यवहार किया है।

- जयशंकर 'प्रसाद'
चैत्र शुक्ल

प्रथम अंक

(शिविर का पिछला भाग जिसके पीछे पर्वतमाला की प्राचीर है, शिविर का एक कोना दिखलाई दे रहा है जिससे सटा हुआ चन्द्रातप टँगा है। मोटी-मोटी रेशमी डोरियों से सुनहले काम के परदे खम्भों से बँधे हैं। दो-तीन सुन्दर मंच रखे हुए हैं। चन्द्रातप और पहाड़ी के बीच छोटा-सा कुंज, पहाड़ी पर से एक पतली जलधारा उस हरियाली में बहती है। झरने के पास शिलाओं से चिपकी हुई लता की डालियाँ पवन में हिल रही हैं। दो चार छोटे-बड़े वृक्ष, जिन पर फूलों से लदी हुई सेवती की लता छोटा-सा झुरमुट बना रही है।

शिविर के कोने से ध्रुवस्वामिनी का प्रवेश। पीछे-पीछे एक लम्बी और कुरूप स्त्री चुपचाप नंगी तलवार लिए आती है)

ध्रुवस्वामिनी : (सामने पर्वत की ओर देखकर) सीधा तना हुआ, अपने प्रभुत्व की साकार कठोरता, अभ्रभेदी उन्मुक्त शिखर! और इन क्षुद्र कोमल निरीह लताओं और पौधों को इसके चरण में लोटना ही चाहिए न। **(साथ वाली खड्गधारिणी की ओर देखकर)** क्यों, मन्दाकिनी नहीं आई **(वह उत्तर नहीं देती है)** बोलती क्यों नहीं यह तो मैं जानती हूँ कि इस राजकुल के अन्तःपुर में मेरे लिए न जाने कब से नीरव अपमान संचित रहा, जो मुझे आते ही मिला; किन्तु क्या तुम-जैसी दासियों से भी वही मिलेगा इसी शैलमाला की तरह मौन रहने का अभिनय तुम न करो, बोलो! **(वह दाँत निकालकर विनय प्रकट करती हुई कुछ और आगे बढ़ने का संकेत करती है)** अरे, यह क्या, मेरे भाग्य विधाता! यह कैसा इन्द्रजाल? उस दिन राजमहापुरोहित ने कुछ आहुतियों के बाद मुझे आशीर्वाद दिया था, क्या वह अभिशाप था? इस राजकीय अन्तःपुर में सब जैसे एक रहस्य छिपाये हुए चलते हैं, बोलते हैं और मौन हो जाते हैं। **(खड्गधारिणी विवशता और भय का अभिनय करती हुई आगे बढ़ने का संकेत करती है)** तो क्या तुम मूक हो? तुम कुछ बोल न सको, मेरी बातों का उत्तर भी न दो, इसीलिए तुम मेरी सेवा में नियुक्त की गई हो? यह असह्य है। इस राजकुल में एक भी सम्पूर्ण मनुष्यता का निदर्शन नहीं मिलेगा क्या जिधर देखो कुबड़े, बौने, हिजड़े, गूँगे और बहरे...। **(चिढ़ती हुई ध्रुवस्वामिनी आगे बढ़कर झरने के किनारे बैठ जाती है, खड्गधारिणी भी इधर-उधर देखकर ध्रुवस्वामिनी के पैरों के समीप बैठती है।)**

खड्गधारिणी : (सशंक चारों ओर देखती हुई) देवि, प्रत्येक स्थान और समय बोलने के योग्य नहीं होते। कभी-कभी मौन रह जाना बुरी बात नहीं है। मुझे अपनी दासी समझिए। अवरोध के भीतर मैं गूँगी हूँ। यहाँ संदिग्ध न रहने के लिए मुझे ऐसा ही करना पड़ता है।

ध्रुवस्वामिनी : अरे, तो क्या तुम बोलती भी हो पर यह तो कहो, यह कपट आचरण किसलिए?

खड्गधारिणी : एक पीड़ित की प्रार्थना सुनाने के लिए। कुमार चन्द्रगुप्त को आप भूल न गई होंगी !

ध्रुवस्वामिनी : (उत्कण्ठा से) वही न, जो मुझे वंदिनी बनाने के लिए गए थे।

खड्गधारिणी : (दाँतों से जीभ दबाकर) यह आप क्या कह रही हैं? उनको तो स्वयं अपने भीषण भविष्य का पता नहीं। प्रत्येक क्षण उनके प्राणों पर सन्देह करता है। उन्होंने पूछा है कि मेरा क्या अपराध है?

ध्रुवस्वामिनी : (उदासी की मुस्कराहट के साथ) अपराध मैं क्या बताऊँ? तो क्या कुमार भी वन्दी हैं?

खड्गधारिणी : कुछ-कुछ वैसा ही है देवि, राजाधिराज से कहकर क्या आप उनका कुछ उपकार कर सकेंगी?

ध्रुवस्वामिनी : भला मैं क्या कर सकूँगी? मैं तो अपने ही प्राणों का मूल्य नहीं समझ पाती। मुझ पर राजा का कितना अनुग्रह है, यह भी मैं आज तक न जान सकी। मैंने तो कभी उनका सम्भाषण सुना ही नहीं। विलासिनियों के साथ मदिरा में उन्मत्त, उन्हें अपने आनन्द से अवकाश कहाँ!

खड्गधारिणी : तब तो अदृष्ट ही कुमार के जीवन का सहायक होगा। उन्होंने पिता का दिया हुआ स्वत्व और राज्य का अधिकार तो छोड़ ही दिया; इसके साथ अपनी एक अमूल्य निधि भी ...।
(कहते-कहते सहसा रुक जाती है।)

ध्रुवस्वामिनी : अपनी अमूल्य निधि! वह क्या?

खड्गधारिणी : यह अत्यन्त गुप्त है देवि, किन्तु मैं प्राणों की भीख माँगते हुए कह सकूँगी।

ध्रुवस्वामिनी : (कुछ सोचकर) तो जाने दो, छिपी हुई बातों से मैं घबरा उठी हूँ। हाँ, मैंने उन्हें देखा था, वह निरभ्र प्राची का बाल अरुण! आह! राज-चक्र सबको पीसता है, पिसने दो, हम निःसहायों को और दुर्बलों को पिसने दो!

खड्गधारिणी : देवि, वह वल्लरी जो झरने के समीप पहाड़ी पर चढ़ गई है, उसकी नन्हीं-नन्हीं पत्तियों को ध्यान से देखने पर आप समझ जायेंगी कि वह किस जाति की है। प्राणों की क्षमता बढ़ा लेने पर वही काई जो बिछलन बनकर गिरा सकती थी, अब दूसरों के ऊपर चढ़ने का अवलम्बन बन गई है।

ध्रुवस्वामिनी : (आकाश की ओर देखकर) वह बहुत दूर की बात है। आह, कितनी कठोरता है! मनुष्य के हृदय में देवता को हटाकर राक्षस कहाँ से घुस आता है? कुमार की स्निग्ध, सरल और सुन्दर मूर्ति को देखकर कोई भी प्रेम से पुलकित हो सकता है, किन्तु उन्हीं का भाई? आश्चर्य!

खड्गधारिणी : कुमार को इतने में ही सन्तोष होगा कि उन्हें कोई विश्वासपूर्वक स्मरण कर लेता है। रही अभ्युदय की बात, सो तो उनको अपने बाहुबल और भाग्य पर ही विश्वास है।

ध्रुवस्वामिनी : किन्तु उन्हें कोई ऐसा साहस का काम न करना चाहिए जिसमें उनकी परिस्थिति और भी भयानक हो जाए।

(खड्गधारिणी खड़ी होती है)

अच्छा, तो अब तू जा और अपने मौन संकेत से किसी दासी को यहाँ भेज दे मैं अभी यहाँ बैठना चाहती हूँ।

(खड्गधारिणी नमस्कार करके जाती है और एक दासी का प्रवेश)

दासी : (हाथ जोड़कर) देवी, सांयकाल हो चुका है। वनस्पतियाँ शिथिल होने लगी हैं। देखिए न, व्योम-विहारी पक्षियों का झुण्ड भी अपने नीड़ों में प्रसन्न कोलाहल से लौट रहा है। क्या भीतर चलने की अभी इच्छा नहीं है

ध्रुवस्वामिनी : चलूँगी क्यों नहीं? किन्तु मेरा नीड़ कहाँ? यह तो स्वर्णपिंजर है।

(करुण भाव से उठकर दासी के कंधे पर हाथ रखकर चलने को उद्यत होती है। नेपथ्य में कोलाहल - महादेवी कहाँ हैं? उन्हें कौन बुलाने गई है?)

ध्रुवस्वामिनी : हैं-हैं, यह उतावली कैसी?

प्रतिहारी : (प्रवेश करके ... घबराहट से) भट्टारक इधर आये हैं क्या?

ध्रुवस्वामिनी : (व्यंग्य से मुस्कराते हुए) मेरे अंचल में तो छिपे नहीं हैं। देखो, किसी कुंज में ढूँढ़ो।

प्रतिहारी : (संभ्रम से) अरे महादेवी! क्षमा कीजिए। युद्ध-सम्बन्धी एक आवश्यक संवाद देने के लिए महाराज को खोजती हुई मैं इधर आ गयी हूँ।

ध्रुवस्वामिनी : होंगे कहीं, यहाँ तो नहीं है।

(उदास भाव से दासी के साथ ध्रुवस्वामिनी का प्रस्थान। दूसरी ओर से खड्गधारिणी का पुनः प्रवेश... और कुंज में से अपना उत्तरीय सँभालता रामगुप्त निकलकर एक बार प्रतिहारी की ओर, फिर खड्गधारिणी की ओर देखता है)

प्रतिहारी : जय हो देव! एक चिन्ताजनक समाचार निवेदन करने के लिए अमात्य ने मुझे भेजा है।

रामगुप्त : (झुँझलाकर) चिन्ता करते-करते देखता हूँ कि मुझे मर जाना पड़ेगा। ठहरो, (खड्गधारिणी से) हाँ जी, तुमने अपना काम तो अच्छा किया, किन्तु मैं समझ न सका कि चन्द्रगुप्त को वह अब भी प्यार करती है या नहीं?

(खड्गधारिणी प्रतिहारी की ओर देखकर चुप रह जाती है)

रामगुप्त : (प्रतिहारी की ओर क्रोध से देखता हुआ) तुमसे मैंने कह दिया न कि अभी मुझे अवकाश नहीं, ठहर कर आना।

प्रतिहारी : राजाधिराज! शकों ने किसी पहाड़ी राह से उतरकर नीचे का गिरि-पथ रोक लिया है। हम लोगों के शिविर का सम्बन्ध राजपथ से छूट गया है। शकों ने दोनों ही ओर से घेर लिया है।

रामगुप्त : दोनों ओर से घिरा रहने में शिविर और भी सुरक्षित है। मूर्ख! चुप रह... (खड्गधारिणी से) तो ध्रुवदेवी, क्या मन-ही-मन चन्द्रगुप्त को... है न मेरा सन्देह ठीक?

प्रतिहारी : (हाथ जोड़कर) अपराध क्षमा हो देव! अमात्य युद्ध परिषद् में आपकी प्रतीक्षा कर रहे हैं।

रामगुप्त : (हृदय पर हाथ रखकर) युद्ध तो यहाँ भी चल रहा है। देखती नहीं, जगत की अनुपम सुन्दरी मुझसे स्नेह नहीं करती और मैं हूँ इस देश का राजाधिराज!

प्रतिहारी : महाराज, शकराज का संदेश लेकर एक दूत भी आया है।

रामगुप्त : आह! किन्तु ध्रुवदेवी! उसके मन में टीस है (कुछ सोचकर) जो स्त्री दूसरे के शासन में रहकर और प्रेम किसी अन्य पुरुष से करती है, उसमें एक गम्भीर और व्यापक रस उद्वेलित रहता होगा। वही तो... नहीं, जो चन्द्रगुप्त से प्रेम करेगी वह स्त्री न जाने कब चोट कर बैठे? भीतर-भीतर न जाने कितने कुचक्र घूमने लगेंगे। (खड्गधारिणी से) सुना न, ध्रुवदेवी से कह देना चाहिए कि वह मुझे और मुझसे ही प्यार करे। केवल महादेवी बन जाना ठीक नहीं।

(खड्गधारिणी का प्रतिहारी के साथ प्रस्थान और शिखरस्वामी का प्रवेश)

शिखरस्वामी : कुछ आवश्यक बातें कहनी हैं, देव।

रामगुप्त : (चिन्ता से उँगली हिलाते हुए, जैसे अपने आप बातें कर रहा हो) धुवदेवी को लेकर क्या साम्राज्य से भी हाथ धोना पड़ेगा! नहीं, तो फिर (कुछ सोचने लगता है) ठीक, तो सहसा मेरे राजदण्ड ग्रहण कर लेने से पुरोहित, अमात्य और सेनापति लोग छिपा हुआ विद्रोह भाव रखते हैं। (शिखर से) है न! केवल एक तुम्हीं मेरे विश्वासपात्र हो। समझा न! यही गिरि-पथ सब झगड़ों का अन्तिम निर्णय करेगा। क्यों अमात्य, जिसकी भुजाओं में बल न हो, उसके मस्तिष्क में तो कुछ होना चाहिए?

शिखरस्वामी : (एक पत्र लेकर) पहले इसे पढ़ लीजिए! (रामगुप्त पत्र पढ़ते-पढ़ते आश्चर्य से चौंक उठता है)। चौंकिए मत, यह घटना इतनी आकस्मिक है कि कुछ सोचने का अवसर नहीं मिलता।

रामगुप्त : (ठहरकर) है तो ऐसा ही; किन्तु एक बार ही मेरे प्रतिकूल भी नहीं। मुझे इसकी सम्भावना पहले से भी थी।

शिखरस्वामी : (आश्चर्य से) ऐं? तब तो महाराज ने अवश्य ही कुछ सोच लिया होगा। मेघ-संकुल आकाश की तरह जिसका भविष्य घिरा हो, उसकी बुद्धि को तो बिजली के समान चमकना ही चाहिए।

रामगुप्त : (संशक) कह दूँ! सोचा तो है मैंने, परन्तु क्या तुम उसका समर्थन करोगे?

शिखरस्वामी : यदि नीति-युक्त हुआ तो अवश्य समर्थन करूँगा। सबके विरुद्ध रहने पर भी स्वर्गीय आर्य समुद्रगुप्त की आज्ञा के प्रतिकूल मैंने ही आपका समर्थन किया था। नीति-सिद्धान्त के आधार पर ज्येष्ठ राजपुत्र को...।

रामगुप्त : (बात काटकर) वह तो... मैं जानता हूँ; किन्तु इस समय जो प्रश्न सामने आ गया है उस पर विचार करना चाहिए। यह तुम जानते हो कि मेरी इस विजय-यात्रा का कोई गुप्त उद्देश्य है। उसकी सफलता भी सामने दिखाई पड़ रही है। हाँ, थोड़ा-सा साहस चाहिए।

शिखरस्वामी : वह क्या?

रामगुप्त : शक-दूत सन्धि के लिए जो प्रमाण चाहता हो, उसे अस्वीकार न करना चाहिए। ऐसा करने में इस संकट के बहाने जितनी विरोधी प्रकृति हैं, उस सबको हम लोग सहज ही हटा सकेंगे।

शिखरस्वामी : भविष्य के लिए यह चाहे अच्छा हो, किन्तु इस समय तो हमको बहुत-से विघ्नों का सामना करना पड़ेगा।

रामगुप्त : (हँसकर) तुम... तुम्हारी बुद्धि कब काम में आवेगी और हाँ, चन्द्रगुप्त के मनोभाव का कुछ पता लगा?

शिखरस्वामी : कोई नई बात तो नहीं।

रामगुप्त : मैं देखता हूँ कि मुझे पहले अपने अन्तःपुर के ही विद्रोह का दमन करना होगा। (निःश्वास लेकर) धुवदेवी के हृदय में चन्द्रगुप्त की आकांक्षा धीरे-धीरे जाग रही है।

शिखरस्वामी : यह असम्भव नहीं, किन्तु महाराज! इस समय आपको दूत से साक्षात् करके उपस्थित राजनीति पर ध्यान देना चाहिए। यह एक विचित्र बात है कि प्रबल पक्ष सन्धि के लिए सन्देश भेजे।

रामगुप्त : विचित्र हो चाहे सचित्र अमात्य, तुम्हारी राजनीतिज्ञता इसी में है, भीतर और बाहर के सब शत्रु एक ही चाल में परास्त हों। तो चलो!

(दोनों का प्रस्थान। मन्दाकिनी का सशंक भाव से प्रवेश)

मन्दाकिनी : (चारों ओर देखकर) भयानक समस्या है। मूर्खों ने स्वार्थ के लिए साम्राज्य के गौरव का सर्वनाश करने का निश्चय कर लिया है। सच है, वीरता जब भागती है, तब उसके पैरों से राजनीतिक छलछन्द की धूल उड़ती है। **(कुछ सोचकर)** कुमार चन्द्रगुप्त को यह सब समाचार शीघ्र ही मिलना चाहिए। गूँगी के अभिनय में महादेवी के हृदय का आवरण तनिक-सा हटा है, किन्तु वह थोड़ा-सा स्निग्ध भाव भी कुमार के लिए कम महत्त्व नहीं रखता। कुमार चन्द्रगुप्त! कितना समर्पण का भाव है उसमें और उसका बड़ा भाई रामगुप्त! कपटाचारी रामगुप्त। जी करता है, इस कुलषित वातावरण से कहीं दूर, विस्मृत में अपने को छिपा लूँ। पर मन्दा! तुझे विधाता ने क्यों बनाया **(सोचने लगती है)** नहीं, मुझे हृदय कठोर करके अपना कर्त्तव्य करने के लिए यहाँ रुकना होगा। न्याय का दुर्बल पक्ष ग्रहण करना होगा।

(गाती है)

यह कसक अरे आँसू सह जा।
बनकर विनम्र अभिमान मुझे
मेरा अस्तित्व बता, रह जा।
बन प्रेम छलक कोने-कोने
अपनी नीरव गाथा कह जा
करुणा बन दुखिया वसुधा पर
शीतलता फैलाता बह जा।

(जाती है। ध्रुवस्वामिनी का उदास भाव से धीरे-धीरे प्रवेश। पीछे एक परिचारिका पान का डिब्बा और दूसरी चमर लिये आती है। ध्रुवस्वामिनी एक मेज पर बैठकर अक्षरों पर उँगली रखकर कुछ सोचने लगती है और चमरशधरिणी चमर चलाने लगती है।)

ध्रुवस्वामिनी : (दूसरी परिचारिका से) हाँ, क्या कहा, शिखरस्वामी कुछ कहना चाहते हैं? कह दो, कल सुनूँगी, आज नहीं।

परिचारिका : जैसी आज्ञा। तो मैं कह आऊँ कि अमात्य से कल महादेवी बातें करेंगी?

ध्रुवस्वामिनी : (कुछ सोचकर) ठहरो तो, वह गुप्त साम्राज्य का अमात्य है, उससे आज ही भेंट करना होगा। हाँ, यह तो बताओ, तुम्हारे राजकुल में नियम क्या है? पहले अमात्य की मंत्रणा सुननी पड़ती है, तब राजा से भेंट होती है?

परिचारिका : (दाँतों से जीभ दबाकर) ऐसा नियम तो मैंने नहीं सुना। यह युद्ध-शिविर है न! परम भट्टारक को अवसर न मिला होगा। महादेवी! आपको सन्देह न करना चाहिए।

ध्रुवस्वामिनी : मैं महादेवी ही हूँ न? यदि यह सत्य है तो क्या तुम मेरी आज्ञा से कुमार चन्द्रगुप्त को यहाँ बुला सकती हो? मैं चाहती हूँ कि अमात्य के साथ ही कुमार से भी कुछ बातें कर लूँ।

परिचारिका : क्षमा कीजिए, इसके लिए तो पहले अमात्य से पूछना होगा।

(ध्रुवस्वामिनी क्रोध से उसकी ओर देखने लगती है और वह पान का डिब्बा रखकर चली जाती है। एक बौने का कुबड़े और हिजड़े के साथ प्रवेश)

कुबड़ा : युद्ध! भयानक युद्ध!!

बौना : हो रहा है, कि कहीं होगा मित्र!

हिजड़ा : बहनो, यहीं युद्ध करके दिखाओ न! महादेवी भी देख लें।

बौना : (कुबड़े से) सुनता है रे! तू अपना हिमाचल इधर कर दे - मैं दिग्विजय करने के लिए कुबेर पर चढ़ाई करूँगा।

(उसकी कूबड़ को दबाता है और कुबड़ा अपने घुटनों और हाथों के बल बैठ जाता है। हिजड़ा कुबड़े की पीठ पर बैठता है। बौना एक मोर्छल लेकर तलवार की तरह उसे घुमाने लगता है।)

हिजड़ा : अरे! यह तो मैं हूँ नल-कूबर की वधू! दिग्विजयी वीर, क्या तुम स्त्री से युद्ध करोगे? लौट जाओ, कल आना। मेरे श्वसुर और आर्यपुत्र दोनों ही उर्वशी और रम्भा के अभिसार से अभी नहीं आए। कुछ आज ही तो युद्ध करने का शुभ मुहूर्त नहीं है।

बौना : (मोर्छल से पटा घुमाता हुआ) नहीं, आज ही युद्ध होगा। तुम स्त्री नहीं हो, तुम्हारी उँगलियाँ तो मेरी तलवार से अधिक चल रही हैं। कूबड़ तुम्हारे नीचे है तब मैं कैसे मान लूँ कि तुम न तो नल-कूबड़ हो और न कुबेर! तुम्हारे वस्त्रों से मैं धोखा न खाऊँगा। तुम पुरुष हो, युद्ध करो।

हिजड़ा : (उसी तरह मटकते हुए) अरे, मैं स्त्री हूँ। बहनो, कोई मुझसे ब्याह भले कर सकता है, लड़ाई मैं क्या जानूँ?

(दासी के साथ शिखरस्वामी का प्रवेश)

शिखर-स्वामी : महादेवी की जय हो!

(दूसरी ओर से युवती दासी के कन्धे का सहारा लिए कुछ-कुछ मदिरा के नशे में रामगुप्त का प्रवेश। मुस्कराता हुआ बौने का खेल देखने लगता है। ध्रुवस्वामिनी उठकर खड़ी हो जाती है और शिखरस्वामी रामगुप्त को संकेत करता है।)

रामगुप्त : (कुछ भर्राये हुए कण्ठ से) महादेवी की जय हो।

ध्रुवस्वामिनी : स्वागत महाराज!

रामगुप्त एक मंच पर बैठ जाता है और शिखरस्वामी ध्रुवस्वामिनी के इस उदासीन शिष्टाचार से चकित होकर सिर खुजलाने लगता है)

कुबड़ा : दोहाई राजाधिराज की! हिमाचल का कूबड़ दुखने लगा। न तो यह नल-कूबड़ की बहू मेरे कूबड़ से उठती है और न तो यह बौना मुझे विजय ही कर लेता है।

रामगुप्त : (हँसते हुए) वाह रे वामन वीर! यहाँ दिग्विजय का नाटक खेला जा रहा था क्या?

बौना : (अकड़कर) वामन के बलि-विजय की गाथा और तीन पगों की महिमा सब लोग जानते हैं। मैं तीन लात में इसका कूबड़ सीधा कर सकता हूँ।

कुबड़ा : लगा दे भाई बौने। फिर यह अचल हेमकूट बनना तो छूट जाय!

हिजड़ा : देखो जी, मैं नल-कूबर की वधू इस पर बैठी हूँ।

बौना : झूठ! युद्ध के डर से पुरुष होकर भी यह स्त्री बन गया है।

हिजड़ा : मैं तो पहले ही कह चुकी कि मैं युद्ध करना नहीं जानती।

बौना : तुम नल-कूबर की स्त्री हो न, तो अपनी विजय का उपहार समझकर मैं तुम्हारा हरण कर लूँगा। (और लोगों की ओर देखकर उसका हाथ पकड़ कर खींचता हुआ) ठीक होगा न? कदाचित् यह धर्म के विरुद्ध न होगा!

(रामगुप्त ठठाकर हँसने लगता है)

ध्रुवस्वामिनी : (क्रोध से अकड़कर) निकालो! अभी निकालो, यहाँ ऐसी निर्लज्जता का नाटक मैं नहीं देखना चाहती। (शिखरस्वामी की ओर भी सक्रोध देखती है, शिखर के संकेत करने पर वे भाग जाते हैं।)

रामगुप्त : अरे, ओ दिग्विजयी! सुन तो (उठकर ताली पीटता हुआ हँसने लगता है। ध्रुवस्वामिनी क्षोभ और घृणा से मुँह फिरा लेती है। शिखरस्वामी के संकेत से दासी मदिरा का पात्र ले आती है, उसे देखकर प्रसन्नता से आँखें फाड़कर शिखर की ओर अपना हाथ बढ़ा देता है) अमात्य, आज ही महादेवी के पास मैं आया और आप भी पहुँच गये, यह एक विलक्षण घटना है। है न **(पात्र लेकर पीता है)**

शिखरस्वामी : देव, मैं इस समय एक आवश्यक कार्य से आया हूँ।

रामगुप्त : ओह! मैं तो भूल ही गया था! वह बर्बर शकराज क्या चाहता है? मैं आक्रमण न करूँ, इतना ही तो? जाने दो, युद्ध कोई अच्छी बात तो नहीं!

शिखरस्वामी : वह और भी कुछ चाहता है।

रामगुप्त : क्या कुछ सहायता भी माँग रहा है?

शिखरस्वामी : (सिर झुकाकर गम्भीरता से) नहीं देव, वह बहुत ही असंगत और अशिष्ट याचना कर रहा है।

रामगुप्त : क्या? कुछ कहो भी।

शिखरस्वामी : क्षमा हो महाराज! दूत तो अवध्य होता ही है; इसलिए उसका सन्देश सुनना ही पड़ा। वह कहता था कि शकराज से महादेवी ध्रुवस्वामिनी का... रुककर ध्रुवस्वामिनी की ओर देखने लगता है। ध्रुवस्वामिनी सिर हिलाकर कहने की आज्ञा देती है।) विवाह-सम्बन्ध स्थिर हो चुका था। बीच में ही आर्य समुद्रगुप्त की विजय-यात्रा में महादेवी के पिताजी ने उपहार में उन्हें गुप्तकुल में भेज दिया, इसलिए महादेवी को वह...।

रामगुप्त : ऐं, क्या कहते हो? अमात्य, क्या वह महादेवी को माँगता है?

शिखर-स्वामी : हाँ देव! साथ ही वह अपने सामन्तों के लिए भी मगध के सामन्तों की स्त्रियों को माँगता है।

रामगुप्त : (श्वास लेकर) ठीक ही है, जब उसके पास सामन्त हैं, तब उन लोगों के लिए भी स्त्रियाँ चाहिए। हाँ, क्या यह सच है कि महादेवी के पिता ने पहले शकराज से इनका सम्बन्ध स्थिर कर लिया था?

शिखर-स्वामी : यह तो मुझे नहीं मालूम। **(ध्रुवस्वामिनी रोष से फूलती हुई टहलने लगती है।)**

रामगुप्त : महादेवी, अमात्य क्या पूछ रहे हैं?

ध्रुवस्वामिनी : इस प्रथम सम्भाषण के लिए मैं कृतज्ञ हुई महाराज! किन्तु मैं भी यह जानना चाहती हूँ कि गुप्त साम्राज्य क्या स्त्री-सम्प्रदान से ही बढ़ा है?

रामगुप्त : (झेंपकर हँसता हुआ) हें-हें-हें, बताइए अमात्य जी!

शिखरस्वामी : मैं क्या कहूँ? शत्रु-पक्ष का यही सन्धि-सन्देश है। यदि स्वीकार न हो तो युद्ध कीजिए। शिविर दोनों ओर से घिर गया है। उसकी बातें मानिए, या मरकर भी अपनी कुलमर्यादा की रक्षा कीजिए। दूसरा कोई उपाय नहीं।

रामगुप्त : (चौंककर) क्या प्राण देने के अतिरिक्त दूसरा कोई उपाय नहीं? ऊँ-हूँ तब तो महादेवी से पूछिए।

ध्रुवस्वामिनी : (तीव्र स्वर से) और आप लोग कुबड़ों, बौनों और नपुंसकों का नृत्य देखेंगे। मैं जानना चाहती हूँ कि किसने सुख-दुःख में मेरा साथ न छोड़ने की प्रतिज्ञा अग्निवेदी के सामने की है?

रामगुप्त : (चारों ओर देखकर) किसने की है, कोई बोलता क्यों नहीं।

धुवस्वामिनी : तो क्या मैं राजाधिराज रामगुप्त की महादेवी नहीं हूँ।

रामगुप्त : क्यों नहीं? परन्तु रामगुप्त ने ऐसी कोई प्रतिज्ञा न की होगी। मैं तो उस दिन द्राक्षासव-सर में डुबकी लगा रहा था। पुरोहितों ने न जाने क्या-क्या पढ़ा दिया होगा। उन सब बातों का बोझ मेरे सिर पर! (सिर हिलाकर) कदापि नहीं।

धुवस्वामिनी : (निस्सहाय होकर दीनता से शिखरस्वामी के प्रति) यह तो हुई राजा की व्यवस्था, अब सुनूँ, मन्त्री महोदय क्या कहते हैं!

शिखरस्वामी : मैं कहूँगा देवि, अवसर देखकर राज्य की रक्षा करने वाली उचित सम्मति देना ही तो मेरा कर्तव्य है। राजनीति के सिद्धान्त में राष्ट्र की रक्षा सब उपायों से करने का आदेश है। उसके लिए राजा, रानी, कुमार और अमात्य सबका विसर्जन किया जा सकता है; किन्तु राज विसर्जन अन्तिम उपाय है।

रामगुप्त : (प्रसन्नता से) वाह! क्या कहा तुमने! तभी तो लोग तुम्हें नीतिशास्त्र का बृहस्पति समझते हैं।

धुवस्वामिनी : अमात्य, तुम बृहस्पति हो चाहे शुक्र, किन्तु, धूर्त होने से ही क्या मनुष्य भूल नहीं सकता? आर्य समुद्रगुप्त के पुत्र को पहचानने में तुमने भूल तो नहीं की। सिंहासन पर भ्रम से किसी दूसरे को तो नहीं बैठा दिया?

रामगुप्त : (आश्चर्य से) क्या क्या? क्या?

धुवस्वामिनी : कुछ नहीं, मैं केवल यही कहना चाहती हूँ कि पुरुषों ने स्त्रियों को अपनी पशु-सम्पत्ति समझकर उन पर अत्याचार करने का अभ्यास बना लिया है। वह मेरे साथ नहीं चल सकता। यदि तुम मेरी रक्षा नहीं कर सकते, अपने कुल की मर्यादा, नारी का गौरव नहीं बचा सकते, तो मुझे बेच भी नहीं सकते हो। हाँ, तुम लोगों को आपत्ति से बचाने के लिए मैं स्वयं यहाँ से चली जाऊँगी।

शिखरस्वामी : (मुँह बनाकर) उँह, राजनीति में ऐसी बातों को स्थान नहीं। जब तक नियमों के अनुकूल सन्धि का पूर्ण रूप से पालन न किया जाय, तब तक सन्धि का कोई अर्थ ही नहीं।

धुवस्वामिनी : देखती हूँ कि इस राष्ट्र-रक्षा-यज्ञ में रानी की बलि होगी ही।

शिखरस्वामी : दूसरा कोई उपाय नहीं।

धुवस्वामिनी : (क्रोध से पैर पटककर) उपाय नहीं, तो न हो, निर्लज्ज अमात्य! फिर ऐसा प्रस्ताव मैं सुनना नहीं चाहती।

रामगुप्त : (चौंककर) इस छोटी-सी बात के लिए इतना बड़ा उपद्रव! (दासी की ओर देखकर) मेरा तो कण्ठ सूखने लगा।

(वह मदिरा देती है)

धुवस्वामिनी : (दृढ़ता से) अच्छा, तो अब मैं चाहती हूँ कि अमात्य अपने मन्त्रणा-गृह में जाएँ। मैं केवल रानी ही नहीं, किन्तु स्त्री भी हूँ; मुझे अपने को पति कहलाने वाले पुरुष से कुछ कहना है, राजा से नहीं।

(शिखरस्वामी का दासियों के साथ प्रस्थान)

रामगुप्त : ठहरो जी, मैं भी चलता हूँ (उठना चाहता है। धुवस्वामिनी उसका हाथ पकड़कर रोक लेती है।) तुम मुझसे क्या कहना चाहती हो?

धुवस्वामिनी : (ठहरकर) अकेले यहाँ भय लगता है क्या? बैठिए, सुनिए। मेरे पिता ने

उपहारस्वरूप कन्यादान किया था। किन्तु गुप्त सम्राट क्या अपनी पत्नी शत्रु को उपहार में देंगे **(घुटने के बल बैठकर)** ? देखिए, मेरी ओर देखिए। मेरा स्त्रीत्व क्या इतने का भी अधिकारी नहीं कि अपने को स्वामी समझने वाला पुरुष उसके लिए प्राणों का पण लगा सके?

रामगुप्त : (उसे देखता हुआ) तुम सुन्दर हो, ओह, कितनी सुन्दर; किन्तु सोने की कटार पर मुग्ध होकर उसे कोई अपने हृदय में डुबा नहीं सकता। तुम्हारी सुन्दरता - तुम्हारा नारीत्व - अमूल्य हो सकता है। फिर भी अपने लिए मैं स्वयं कितना आवश्यक हूँ, कदाचित् तुम यह नहीं जानती हो।

ध्रुवस्वामिनी : (उसके पैरों को पकड़कर) मैं गुप्त-कुल की वधू होकर इस राजपरिवार में आई हूँ इसी विश्वास पर...।

रामगुप्त : (उसे रोककर) वह सब मैं नहीं सुनना चाहता।

ध्रुवस्वामिनी : मेरी रक्षा करो। मेरे और अपने गौरव की रक्षा करो। राजा, आज मैं शरण की प्रार्थिनी हूँ। मैं स्वीकार करती हूँ कि आज तक मैं तुम्हारे विलास की सहचरी नहीं हुई, किन्तु वह मेरा अहंकार चूर्ण हो गया है। मैं तुम्हारी होकर रहूँगी। राज्य और सम्पत्ति रहने पर राजा को - पुरुष को बहुत-सी रानियाँ और स्त्रियाँ मिलती हैं, किन्तु व्यक्ति का मान नष्ट होने पर फिर नहीं मिलता।

रामगुप्त : (घबराकर उसका हाथ हटाता हुआ) ओह, तुम्हारा यह घातक स्पर्श बहुत ही उत्तेजनापूर्ण है। मैं, नहीं। तुम, मेरी रानी! नहीं, नहीं। जाओ, तुमको जाना पड़ेगा। तुम उपहार की वस्तु हो। आज मैं तुम्हें किसी दूसरे को देना चाहता हूँ। इसमें तुम्हें क्यों आपत्ति हो?

ध्रुवस्वामिनी : (खड़ी होकर रोष से) निर्लज्ज! मद्यप!! क्लीव!!! ओह, तो मेरा कोई रक्षक नहीं **(ठहरकर)** नहीं, मैं अपनी रक्षा स्वयं करूँगी। मैं उपहार में देने की वस्तु, शीतलमणि नहीं हूँ। मुझमें रक्त की तरल लालिमा है। मेरा हृदय ऊष्ण है और उसमें आत्मसम्मान की ज्योति है। उसकी रक्षा मैं ही करूँगी **(रशना से कृपाण निकाल लेती है)।**

रामगुप्त : (भयभीत होकर पीछे हटता हुआ) तो क्या तुम मेरी हत्या करोगी?

ध्रुवस्वामिनी : तुम्हारी हत्या नहीं, तुम जियो। भेड़ की तरह तुम्हारा क्षुद्र जीवन! उसे न लूँगी! मैं अपना ही जीवन समाप्त करूँगी।

रामगुप्त : किन्तु तुम्हारे मर जाने पर उस बर्बर शकराज के पास किसको भेजा जाएगा? नहीं, नहीं, ऐसा न करो। हत्या! हत्या!! दौड़ो...। दौड़ो!! **(भागता हुआ निकल जाता है। दूसरी ओर से वेग सहित चन्द्रगुप्त का प्रवेश)**

चन्द्रगुप्त : हत्या! कैसी हत्या!! **(ध्रुवस्वामिनी को देखकर)** यह क्या? महादेवी, ठहरिए!

ध्रुवस्वामिनी : कुमार, इसी समय तुम्हें भी आना था! **(सकरुण देखती हुई)** मैं प्रार्थना करती हूँ कि तुम यहाँ से चले जाओ! मुझे अपने अपमान में निर्वसन-नग्न देखने का किसी पुरुष को अधिकार नहीं। मुझे मृत्यु की चादर से अपने को ढँक लेने दो।

चन्द्रगुप्त : किन्तु क्या कारण सुनने का मैं अधिकारी नहीं हूँ?

ध्रुवस्वामिनी : सुनोगे? **(ठहरकर सोचती हुई)** नहीं, अभी आत्महत्या नहीं करूँगी। जब तुम आ गए हो तो थोड़ा ठहरूँगी। यह तीखी छुरी इस अतृप्त हृदय में, विकासोन्मुख कुसुम में विषैले कीट के डंक की तरह चुभा दूँ या नहीं, इस पर विचार करूँगी। यदि नहीं तो मेरी दुर्दशा का पुरस्कार क्या कुछ और है? हाँ, जीवन के लिए कृतज्ञ, उपकृत और आभारी होकर किसी के अभिमानपूर्ण आत्म-विज्ञापन का भार ढोती रहूँ। यही क्या विधाता का निष्ठुर विधान है? छुटकारा नहीं। जीवन नियति के कठोर आदेश पर चलेगा ही। तो क्या यह मेरा जीवन भी अपना नहीं है?

चन्द्रगुप्त : देवि, जीवन विश्व की सम्पत्ति है। प्रमाद से, क्षणिक आवेश से, या दुःख की कठिनाइयों

से उसे नष्ट करना ठीक तो नहीं। गुप्त-कुल लक्ष्मी आज यह छिन्नमस्ता का अवतार किसलिए धारण करना चाहती है, सुनूँ भी?

ध्रुवस्वामिनी : नहीं, मैं मरूँगी नहीं! क्योंकि तुम आ गये हो। मेरी शिविका के साथ चामर-सज्जित अश्व पर चढ़कर तुम्हीं उस दिन आए थे। तुम्हारा विश्वासपूर्ण मुखमण्डल मेरे साथ आने में क्यों इतना प्रसन्न था?

चन्द्रगुप्त : मैं गुप्त-कुल-वधू को आदर सहित ले आने के लिए गया था, फिर प्रसन्न क्यों न होता?

ध्रुवस्वामिनी : तो फिर आज मुझे शक-शिविर में पहुँचाने के लिए उसी प्रकार तुमको मेरे साथ चलना होगा। **(आँखों से आँसू पोंछती है!)**

चन्द्रगुप्त : (आश्चर्य से) यह कैसा परिहास!

ध्रुवस्वामिनी : कुमार! यह परिहास नहीं, राजा की आज्ञा है। शकराज को मेरी अत्यन्त आवश्यकता है। यह अवरोध, बिना मेरा उपहार दिए नहीं हट सकता।

चन्द्रगुप्त : (आवेश से) यह नहीं हो सकता। महादेवी! जिस मर्यादा के लिए-जिस महत्त्व को स्थिर रखने के लिए मैंने राजदण्ड ग्रहण न करके अपना मिला हुआ अधिकार छोड़ दिया, उसका यह अपमान! मेरे जीवित रहते आर्य समुद्रगुप्त के स्वर्गीय गर्व को इस तरह पद-दलित होना न पड़ेगा। **(ठहरकर)** और भी एक बात है। मेरे हृदय के अन्धकार में प्रथम किरण-सी आकर जिसने अज्ञातभाव से अपना मधुर आलोक ढाल दिया था, उसको भी मैंने केवल इसीलिए भूलने का प्रयत्न किया कि... **(सहसा चुप हो जाता है।)**

ध्रुवस्वामिनी : (आँख बन्द किए हुए कुतूहल-भरी प्रसन्नता से) हाँ-हाँ, कहो-कहो।

(शिखरस्वामी के साथ रामगुप्त का प्रवेश)

रामगुप्त : देखो तो कुमार! यह भी कोई बात है! आत्महत्या कितना बड़ा अपराध है!

चन्द्रगुप्त : और आप से तो वह भी करते नहीं बनता।

रामगुप्त : (शिखरस्वामी से) देखो, कुमार के मन में छिपा हुआ कलुष कितना... कितना... भयानक है?

शिखरस्वामी : कुमार, विनय गुप्त-कुल का सर्वोत्तम गृह-विधान है, उसे न भूलना चाहिए!

चन्द्रगुप्त : (व्यंग्य से हँसकर) अमात्य, तभी तो तुमने व्यवस्था दी है कि महादेवी को देकर भी सन्धि की जाय! क्यों, यही तो विनय की पराकाष्ठा है! ऐसा विनय प्रवञ्चकों का आवरण है, जिसमें शील न हो। और शील परस्पर सम्मान की घोषणा करता है। कापुरुष! आर्य समुद्रगुप्त का सम्मान...

शिखरस्वामी : (बीच में बात काटकर) उसके लिए मुझे प्राणदण्ड दिया जाए! मैं उसे अविचल भाव से ग्रहण करूँगा; परन्तु राजा और राष्ट्र की रक्षा होनी चाहिए।

मन्दाकिनी : (प्रवेश करके) राजा अपने राष्ट्र की रक्षा करने में असमर्थ है, तब भी उस राजा की रक्षा होनी ही चाहिए। अमात्य, यह कैसी विवशता है! तुम मृत्युदण्ड के लिए उत्सुक! महादेवी आत्महत्या करने के लिए प्रस्तुत! फिर यह हिचक क्यों? एक बार अन्तिम बल से परीक्षा कर देखो! बचोगे तो राष्ट्र और सम्मान भी बचेगा, नहीं तो सर्वनाश!

चन्द्रगुप्त : आह मन्दा! भला तू कहाँ से यह उल्लास-भरी बात कहने के लिए आ गई? ठीक तो है अमात्य! सुनो, यह स्त्री क्या कह रही है

रामगुप्त : (अपने हाथों को मसलते हुए) दुरभिसन्धि, छल, मेरे प्राण लेने का कौशल!

चन्द्रगुप्त : तब आओ, हम लोग स्त्री बन जाएँ और बैठकर रोएँ।

हिजड़ा : (प्रवेश करके) कुमार, स्त्री बनना सहज नहीं है! कुछ दिनों तक मुझसे सीखना होगा। **(सबका मुँह देखता है और शिखरस्वामी के मुँह पर हाथ फेरता है)** उहूँ, तुम नहीं बन सकते! तुम्हारे ऊपर बड़ा कठोर आवरण है। **(कुमार के समीप जाकर)** कुमार! मैं शपथ खाकर कह सकती हूँ कि यदि मैं अपने हाथों से सजा दूँ तो आपको देखकर महादेवी को भ्रम हो जाए।

(चन्द्रगुप्त उसका कान पकड़कर बाहर कर देता है)

ध्रुवस्वामिनी : उसे छोड़ दो, कुमार! यहाँ पर एक वही नपुंसक तो नहीं है। बहुत-से लोगों में किसको-किसको निकालोगे?

(चन्द्रगुप्त उसे छोड़कर चिन्तित-सा टहलने लगता है और शिखरस्वामी रामगुप्त के कानों में कुछ कहता है)

चन्द्रगुप्त : (सहसा खड़े होकर) अमात्य, तो तुम्हारी ही बात रही। हाँ, उसमें तुम्हारे सहयोगी हिजड़े की भी सम्मति मुझे अच्छी लगी। मैं ध्रुवस्वामिनी बनकर अन्य सामन्त कुमारों के साथ शकराज के पास जाऊँगा। अगर सफल हुआ तब तो कोई बात ही नहीं, अन्यथा मेरी मृत्यु के बाद तुम लोग जैसा उचित समझाना, वैसा करना।

ध्रुवस्वामिनी : (चन्द्रगुप्त को अपनी भुजाओं में पकड़कर) नहीं, मैं तुमको न जाने दूँगी। मेरे क्षुद्र, दुर्बल नारी-जीवन का सम्मान बचाने के लिए इतने बड़े बलिदान की आवश्यकता नहीं।

रामगुप्त : (आश्चर्य और क्रोध से) छोड़ो-छोड़ो, यह कैसा अनर्थ! सबके सामने यह कैसी निर्लज्जता!

ध्रुवस्वामिनी : (चन्द्रगुप्त को छोड़ती हुई... जैसे चैतन्य होकर) यह पाप है। जो मेरे लिए अपनी बलि दे सकता हो, जो मेरे स्नेह... (ठहरकर) अथवा इससे क्या? शकराज क्या मुझे देवी बनाकर भक्ति-भाव से मेरी पूजा करेगा? वाह रे लज्जाशील पुरुष!

(शिखरस्वामी फिर रामगुप्त के कानों में कुछ कहता है। रामगुप्त स्वीकारसूचक सिर हिलाता है)

शिखरस्वामी : राजाधिराज! आज्ञा दीजिए, यही एक उपाय है जिसे कुमार बता रहे हैं। किन्तु राजनीति की दृष्टि से महादेवी का भी वहाँ जाना आवश्यक है।

चन्द्रगुप्त : (क्रोध से) क्यों आवश्यक है! यदि उन्हें जाना ही पड़ा, तो फिर मेरे जाने से क्या लाभ तब मैं न जाऊँगा।

रामगुप्त : नहीं, यह मेरी आज्ञा है। सामन्त कुमारों के साथ जाने के लिए प्रस्तुत हो जाओ।

ध्रुवस्वामिनी : तो कुमार! हम लोगों का चलना निश्चित ही है। अब इसमें विलम्ब की आवश्यकता नहीं।

(चन्द्रगुप्त का प्रस्थान। ध्रुवस्वामिनी मंच पर बैठकर रोने लगती है)

रामगुप्त : अब यह कैसा अभिनय! मुझे तो पहले से ही शंका थी और आज तो तुमने मेरी आँखें खोल दी।

ध्रुवस्वामिनी : अनार्य! निष्ठुर! मुझे कलंक-कालिमा के कारागार में बन्द कर, मर्म-वाक्य के धुएँ से दम घोंटकर मार डालने की आशा न करो। आज मेरी असहायता मुझे अमृत पिलाकर मेरा निर्लज्ज जीवन बढ़ाने के लिए तत्पर है। **(उठकर, हाथ से निकल जाने का संकेत करते हुए)** जाओ, मैं एकान्त चाहती हूँ।

(शिखरस्वामी के साथ रामगुप्त का प्रस्थान)

ध्रुवस्वामिनी : कितना अनुभूतिपूर्ण था वह एक क्षण का आलिंगन। कितने सन्तोष से भरा था! नियति ने अज्ञात भाव से मानो लू से तपी हुई वसुधा को क्षितिज के निर्जन में सायंकालीन शीतल आकाश से मिला दिया हो। **(ठहरकर)** जिस आयुविहीन प्रदेश में उखड़ी हुई साँसों पर बन्धन हो - अर्गला हो, वहाँ रहते-रहते यह जीवन असह्य हो गया था। तो भी मरूँगी नहीं। संसार के कुछ दिन विधाता के विधान में अपने लिए सुरक्षित करा लूँगी। कुमार! तुमने वही किया, जिसे मैं बचाती रही। तुम्हारे उपकार और स्नेह की वर्षा से मैं भीगी जा रही हूँ। ओह, **(हृदय पर उँगली रखकर)** इस वक्षस्थल में दो हृदय हैं क्या? अब अन्तरंग 'हाँ' करना चाहता है, जब ऊपरी मन 'ना' क्यों कह देता है?

चन्द्रगुप्त : (प्रवेश करके) महादेवी, हम लोग प्रस्तुत हैं, किन्तु ध्रुवस्वामिनी के साथ शक-शिविर में जाने के लिए हम लोग सहमत नहीं।

ध्रुवस्वामिनी : (हँसकर) राजा की आज्ञा मान लेना ही पर्याप्त नहीं। रानी की भी एक बात न मानोगे? मैंने तो पहले ही कुमार से प्रार्थना की थी कि मुझे जैसे ले आए हो उसी तरह पहुँचा भी दो।

चन्द्रगुप्त : नहीं - मैं अकेले ही जाऊँगा।

ध्रुवस्वामिनी : कुमार! यह मृत्यु और निर्वासन का सुख तुम अकेले ही लोगे, ऐसा नहीं हो सकता। राजा की इच्छा क्या है, यह जानते हो? मुझसे और तुमसे एक साथ ही छुटकारा! तो फिर वही क्यों न हो हम दोनों ही चलेंगे। मृत्यु के गह्वर में प्रवेश करने के समय मैं भी तुम्हारी ज्योति बनकर बुझ जाने की कामना रखती हूँ। और भी एक विनोद, प्रलय का परिहास, देख सकूँगी। मेरे सहचरी! तुम्हारा वह ध्रुवस्वामिनी का वेश ध्रुवस्वामिनी ही न देखे तो किस काम का?

(दोनों हाथों से चन्द्रगुप्त का चिबुक पकड़ कर सकरुण देखती है।)

चन्द्रगुप्त : (अधखुली आँखों से देखता हुआ) तो फिर चलो।

(सामंतकुमारों के आगे-आगे मंदाकिनी का गंभीर-स्वर में गाते हुए प्रवेश)

> पैरों के नीचे जलधर हों, बिजली से उनका खेल चले।
> संकीर्ण कगारों के नीचे, शत-शत झरने बेमेल चलें ॥
>
> सन्नाटे में हो विकल पवन, पादप निज पद हों चूम रहे।
> तब भी गिरि पथ का अथक पथिक, ऊपर ऊँचे सब झेल चले ॥
>
> पृथ्वी की आँखों में बनकर, छाया का पुतला बढ़ता हो।
> सूने तम में हो ज्योति बना, अपनी प्रतिमा को गढ़ता हो ॥
>
> पीड़ा की धूल उड़ाता-सा, बाधाओं को ठुकराता-सा।
> कष्टों पर कुछ मुसक्याता-सा, ऊपर ऊँचे सब झेल चले ॥
>
> खिलते हों क्षत के फूल वहाँ, बन व्यथा तमिस्रा के तारे।
> पद-पद पर ताण्डव नर्तक हों, स्वर सप्तक होवें लय सारे ॥
>
> भैरव रव से हो व्याप्त दिशा, हो काँप रही भय-चकित निशा।
> हो स्वेद धार बहती कपिशा, ऊपर ऊंचे सब झेल चले ॥
>
> विचलित हो अचल न मौन रहे, निष्ठुर श्रृंगार उतरता हो।
> क्रन्दन कम्पन न पुकार बने, निज साहस पर निर्भरता हो ॥
>
> अपनी ज्वाला को आप पिये, नव नील कण्ठ की छाप लिये।
> विश्राम शांति को शाप दिए, ऊपर ऊँचे सब झेल चले ॥

(चन्द्रगुप्त और ध्रुवस्वामिनी के साथ सबका धीरे-धीरे प्रस्थान। अकेली मन्दाकिनी खड़ी

रह जाती है।)

(पटाक्षेप)

द्वितीय अंक

(एक दुर्ग के भीतर सुनहले कामवाले खम्भों पर एक दालान, बीच में छोटी-छोटी-सी सीढ़ियाँ, उसी के सामने कश्मीरी खुदाई का सुंदर लकड़ी का सिंहासन। बीच के दो खंभे खुले हुए हैं, उनके दोनों ओर मोटे-मोटे चित्र बने हुए तिब्बती ढंग से रेशमी पर्दे पड़े हैं, सामने बीच में छोटा-सा आँगन की तरह जिसके दोनों ओर क्यारियाँ, उनमें दो-चार पौधे और लताएँ फूलों से लदी दिखलाई पड़ती हैं।)

कोमा : (धीरे-धीरे पौधों को देखती हुई प्रवेश करके) इन्हें सींचना पड़ता है, नहीं तो इनकी रुखाई और मलिनता सौंदर्य पर आवरण डाल देती हैं। (देखकर) आज तो इनके पत्ते धुले हुए भी नहीं हैं। इनमें फूल जैसे मुकुलित होकर ही रह गए हैं। खिलखिलाकर हँसने का मानो इन्हें बल नहीं। (सोचकर) ठीक, इधर कई दिनों में महाराज अपने युद्ध-विग्रह में लगे हुए हैं और मैं भी यहाँ नहीं आई, तो फिर इनकी चिन्ता कौन करता? उस दिन मैंने यहाँ दो मंच और भी रख देने के लिए कह दिया था, पर सुनता कौन है? सब जैसे रक्त के प्यासे! प्राण लेने और देने में पागल! वसन्त का उदास और असल पवन आता है, चला जाता है। कोई उस स्पर्श से परिचित नहीं। ऐसा तो वास्तविक जीवन नहीं है **(सीढ़ी पर बैठकर सोचने लगती है)** प्रणय! प्रेम! जब सामने से आते हुए तीव्र आलोक की तरह आँखों में प्रकाशपुंज उड़ेल देता है, तब सामने की सब वस्तुएँ और भी अस्पष्ट हो जाती हैं। अपनी ओर से कोई भी प्रकाश की किरण नहीं। तब वही, केवल वही! हो पागलपन, भूल हो, दुःख मिले। प्रेम करने की एक ऋतु होती है। उसमें चूकना, उसमें सोच-समझकर चलना दोनों बराबर हैं। सुना है दोनों ही संसार के चतुरों की दृष्टि से मूर्ख बनते हैं, तब कोमा, तू किसे अच्छा समझती है?

(गाती है)

यौवन! तेरी चंचल छाया।
इसमें बैठे घूँट भर पी लूँ जो रस तू है लाया।
मेरे प्याले में पद बनकर कब तू छली समाया।
जीवन-वंशी के छिद्रों में स्वर बनकर लहराया।
पल भर रुकने वाले! कह तू पथिक! कहाँ से आया

(चुप होकर आँखें बंद किए तन्मय होकर बैठी रह रह जाती है। शकराज का प्रवेश। हाथ में एक लम्बी तलवार लिए चिंतित भाव से आकर इस तरह खड़ा होता है, जिससे कोमा को नहीं देखता।)

शकराज : खिंगल अभी नहीं आया, क्या वह वंदी तो नहीं कर लिया गया? नहीं, यदि वे अंधे नहीं हैं तो उन्हें अपने सिर पर खड़ी विपत्ति दिखाई देनी चाहिए। (सोचकर) विपत्ति, केवल उन्हीं पर तो नहीं है, हम लोगों को भी रक्त की नदी बहानी पड़ेगी। चित्त बड़ा चंचल हो रहा है, तो बैठ जाऊँ इस एकान्त में। अपने बिखरे हुए मन को सँभाल लूँ। **(इधर-उधर देखता है, कोमा आहट पाकर खड़ी होती है। उसे देखकर)** अरे, कोमा! कोमा!

कोमा : हाँ, महाराज! क्या आज्ञा है?

शकराज : (उसे स्निग्ध भाव से देखकर) आज्ञा नहीं, कोमा! तुम्हें आज्ञा न दूँगा! तुम रूठी हुई-सी क्यों बोल रही हो?

कोमा : रूठने का सुहाग मुझे मिला कब?

शकराज : आजकल में जैसी भीषण परिस्थिति में हूँ, उसमें अन्यमनस्क होना स्वाभाविक है, तुम्हें यह भूल न जाना चाहिए।

कोमा : तो क्या आपकी दुश्चिन्ताओं में मेरा भाग नहीं? मुझे उससे अलग रखने से क्या वह परिस्थिति कुछ सरल हो रही है?

शकराज : तुम्हारे हृदय को उन दुर्भावनाओं में डालकर व्यथित नहीं करना चाहता। मेरे सामने जीवन-मरण का प्रश्न है।

कोमा : प्रश्न स्वयं किसी के सामने नहीं आते। मैं तो समझती हूँ, मनुष्य उन्हें जीवन के लिए उपयोगी समझता है। मकड़ी की तरह लटकने के लिए अपने आप ही जाला बुनता है। जीवन का प्राथमिक प्रसन्न उल्लास मनुष्य के भविष्य में मंगल और सौभाग्य को आमंत्रित करता है। उससे उदासीन न होना चाहिए, महाराज!

शकराज : सौभाग्य और दुर्भाग्य मनुष्य की दुर्बलता के नाम हैं। मैं तो पुरुषार्थ को ही सबका नियामक समझता हूँ! पुरुषार्थ ही सौभाग्य को खींच लाता है। हाँ, मैं इस युद्ध के लिए उत्सुक नहीं था कोमा, मैं ही दिग्विजय के लिए नहीं निकला था।

कोमा : संसार के नियम के अनुसार आप अपने से महान् के सम्मुख थोड़ा-सा विनीत बनकर उस उपद्रव से अलग रह सकते थे।

शकराज : यही तो मुझसे नहीं हो सकता।

कोमा : अभावमयी लघुता में मनुष्य अपने को महत्त्वपूर्ण दिखाने का अभिनय न करे तो क्या अच्छा नहीं है?

शकराज : (चिढ़कर) यह शिक्षा अभी रहने दो कोमा, मैं किसी से बड़ा नहीं हूँ तो छोटा भी नहीं बनना चाहता। तुम अभी तक पाषाणी प्रतिमा की तरह वहीं खड़ी हो, मेरे पास आओ।

कोमा : पाषाणी! हाँ, राजा! पाषाणी के भीतर भी कितने मधुर स्रोत बहते रहते हैं। उनमें मदिरा नहीं, शीतल जल की धारा बहती है। प्यासों की तृप्ति...

शकराज : किन्तु मुझे तो इस समय स्फूर्ति के लिए एक प्याला मदिरा ही चाहिए :

कोमा : (स्थिर दृष्टि से देखती हुई) मैं ले आती हूँ। आप बैठिए।

(कोमा एक छोटा-सा मंच रख देती है और चली जाती है। शकराज मंच पर बैठ जाता है। खिंगल का प्रवेश)

शकराज : कहो जी, क्या समाचार है?

खिंगल : महाराज! मैंने उन्हें अच्छी तरह समझा दिया कि हम लोगों का अवरोध दृढ़ है। उन्हें दो में से एक करना ही होगा। या तो अपने प्राण दें अन्यथा मेरे सन्धि के नियमों को स्वीकार करें।

शकराज : (उत्सुकता से) तो वे समझ गए?

खिंगल : दूसरा उपाय ही क्या था! यह छोकड़ा रामगुप्त, समुद्रगुप्त की तरह दिग्विजय करने निकला था। उसे इन बीहड़ पहाड़ी घाटियों का परिचय नहीं मिला था। किन्तु सब बातों को समझकर

वह अपने नियमों को मानने के लिए बाध्य हुआ।

शकराज : (प्रसन्नता से उठकर दोनों हाथ पकड़ लेता है) ऐं! तुम सच कहते हो? मुझे आशा नहीं। क्या मेरा दूसरा प्रस्ताव भी रामगुप्त ने मान लिया?

(स्वर्ण के कलश में मदिरा लेकर कोमा चुपके से आकर पीछे खड़ी हो जाती है।)

खिंगल : हाँ महाराज! उसने माँगे हुए सब उपहारों को देना स्वीकार किया और ध्रुवस्वामिनी भी आपकी सेवा में शीघ्र ही उपस्थित होती है।

(कोमा चौंक उठती है और शकराज प्रसन्नता से खिंगल के हाथों को झकझोरने लगता है)

शकराज : खिंगल! तुमने कितना सुंदर समाचार सुनाया! आज देव-पुत्रों की स्वर्गीय आत्माएँ प्रसन्न होंगी। उनकी पराजयों का यह प्रतिशोध है। हम लोग गुप्तों की दृष्टि में जंगली, बर्बर और असभ्य हैं तो फिर मेरी प्रतिहिंसा ही बर्बरता के भी अनुकूल होगी। हाँ, मैंने अपने शूर-सामन्तों के लिए भी स्त्रियाँ माँगी थीं।

खिंगल : वे भी साथ ही आएँगी।

शकराज : तो फिर सोने की झाँझवाली नाच का प्रबन्ध करो। इस विजय का उत्सव मनाया जाय और मेरे सामन्तों का भी शीघ्र बुला लाओ।

(खिंगल का प्रस्थान। शकराज अपनी प्रसन्नता में उद्विग्न-सा इधर-उधर टहलने लगता है और कोमा अपना कलश लिए हुए धीरे-धीरे सिंहासन के पास जाकर खड़ी हो जाती है। चार सामन्तों का प्रवेश। दूसरी ओर से नर्तकियों का दल आता है। शकराज उनकी ओर ही देखता हुआ सिंहासन पर बैठ जाता है। सामन्त लोग उसके पैरों के नीचे सीढ़ियों पर बैठते हैं। नर्तकियाँ नाचती हुई गाती हैं)

गाना :

अस्ताचल पर युवती सन्ध्या की खुली अलक घुँघराली है।
लो, मानिक मदिरा की धारा अब बहने लगी निराली है।
भरी ली पहाड़ियों ने अपनी झीलों की रत्नमयी प्याली।
झुक चली चूमने बल्लरियों से लिपटी तरु की डाली है।
यह लगा पिघलने मानिनियों का हृदय मृदु-प्रणय-रोष भरा।
वे हँसती हुई दुलार-भरी मधु लहर उठाने वाली है।
भरने निकले हैं प्यार भरे जोड़े कुंजों की झुरमुट से।
इस मधुर अँधेरी में अब तक क्या इनकी प्याली खाली है।
भर उठीं प्यालियाँ, सुमनों ने सौरभ मकरन्द मिलाया है।
कामिनियों ने अनुराग-भरे अधरों से उन्हें लगा ली है।
वसुधा मदमाती हुई उधर आकाश लगा देखो झुकने।
सब झूम रहे अपने सुख में तूने क्यों बाधा डाली है।

(नर्तकियाँ जाने लगती हैं)

एक सामन्त : श्रीमान्! इतनी बड़ी विजय के अवसर पर इस सूखे उत्सव से सन्तोष नहीं होता, जबकि कलश सामने भरा हुआ रखा है।

शकराज : ठीक है, इन लोगों को केवल कहकर ही नहीं, प्यालियाँ भरकर भी देनी चाहिए।

(सब पीते हैं और नर्तकियाँ एक-एक को सानुरोध पान कराती हैं)

दूसरा सामन्त : श्रीमान् की आज्ञा मानने के अतिरिक्त दूसरी गति नहीं। उन्होंने समझ से काम

लिया, नहीं तो हम लोगों को इस रात की कालिमा में रक्त की लाली मिलानी पड़ती।

तीसरा सामन्त : क्यों बक-बक करते हो? चुपचाप इस बिना परिश्रम की विजय का आनन्द लो। लड़ना पड़ता तो सारी हेकड़ी भूल जाती।

दूसरा सामन्त : (क्रोध से लड़खड़ाता हुआ उठता है) हमसे!

तीसरा सामन्त : हाँ जी, तुमसे!

दूसरा सामन्त : तो फिर आओ, तुम्हीं से निपट लें। **(सब परस्पर लड़ने की चेष्टा कर रहे हैं। शकराज खिंगल को संकेत करता है। वह उन लोगों को बाहर लिवा जाता है। तूर्यनाद)**

शकराज : रात्रि के आगमन की सूचना हो गई। दुर्ग का द्वार अब शीघ्र ही बन्द होगा। अब तो हृदय अधीर हो रहा है। खिंगल!

(खिंगल का पुनः प्रवेश)

खिंगल : दुर्ग-तोरण में शिविकाएँ आ गई हैं।

शकराज : (गर्व से) तब विलम्ब क्यों? उन्हें अभी ले आओ।

खिंगल : (सविनय) किन्तु रानी की एक प्रार्थना है।

शकराज : क्या?

खिंगल : वह पहले केवल श्रीमान् से ही सीधे भेंट करना चाहती हैं। उसकी मर्यादा...

शकराज : (ठठाकर हँसते हुए) क्या कहा मर्यादा! भाग्य ने झुकने के लिए जिन्हें विवश कर दिया है, उन लोगों के मन में मर्यादा का ध्यान और भी अधिक रहता है। यह उनकी दयनीय दशा है।

खिंगल : वह श्रीमान् की रानी होने के लिए आ रही हैं।

शकराज : (हँसकर) अच्छा, तुम मध्यस्थ हो न! तुम्हारी बात मानकर मैं उससे एकान्त में ही भेंट करूँगा! जाओ।

(खिंगल का प्रस्थान)

कोमा : महाराज! मुझे क्या आज्ञा है

शकराज : (चौंककर) अरे, तुम अभी यहीं खड़ी हो? मैं तो जैसे भूल ही गया था। हृदय चंचल हो रहा है। मेरे समीप आओ, कोमा!

कोमा : नयी रानी के आगमन की प्रसन्नता से

शकराज : (सँभलकर) नई रानी का आना क्या तुम्हें अच्छा नहीं लगा, कोमा?

कोमा : (निर्विकार भाव से) संसार में बहुत-सी बातें बिना अच्छी हुए भी अच्छी लगती हैं, और बहुत-सी अच्छी बातें बुरी मालूम पड़ती हैं।

शकराज : (झुँझलाकर) तुम तो आचार्य मिहिरदेव की तरह दार्शनिकों की-सी बातें कर रही हो।

कोमा : वे मेरे पिता-तुल्य हैं, उन्हीं की शिक्षा में मैं पली हूँ। हाँ, ठीक है, जो बातें राजा को अच्छी लगें, वे ही मुझे भी रुचनी ही चाहिएँ।

शकराज : (अव्यवस्थित होकर) अच्छा, तुम इतनी अनुभूतिमयी हो, यह मैं आज जान सका।

कोमा : राजा, तुम्हारी स्नेह-सूचनाओं की सहज प्रसन्नता और मधुर अलापों ने जिस दिन मन के नीरस और नीरव शून्य में संगीत की, वसन्त की और मकरन्द की सृष्टि की थी, उसी दिन से मैं

अनुभूतिमयी बन गयी हूँ। क्या वह मेरा भ्रम था? कह दो - कह दो कि वह तेरी भूल थी।

(उत्तेजित कोमा सिर उठाकर राजा से आँख मिलाती है)

शकराज : (संकोच से) नहीं कोमा, वह भ्रम नहीं था। मैं सचमुच तुम्हें प्यार करता हूँ।

कोमा : (उसी तरह) तब भी यह बात?

शकराज : (सशंक) कौन-सी बात?

कोमा : वही, जो आज होने जा रही है! मेरे राजा! आज तुम एक स्त्री को अपने पति से विच्छिन्न कराकर अपने गर्व की तृप्ति के लिए कैसा अनर्थ कर रहे हो?

शकराज : (बात उड़ाते हुए, हँसकर) पागल कोमा! वह मेरी राजनीति का प्रतिशोध है।

कोमा : (दृढ़ता से) किन्तु राजनीति का प्रतिशोध क्या एक नारी को कुचले बिना नहीं हो सकता?

शकराज : जो विषय न समझ में आवे, उस पर विवाद न करो।

कोमा : (खिन्न होकर) मैं क्यों न करूँ? (ठहरकर) किन्तु नहीं, मुझे विवाद करने का अधिकार नहीं। यह मैं समझ गयी।

(वह दुःखी होकर जाना चाहती है कि दूसरी ओर से मिहिरदेव का प्रवेश।

शकराज : (सम्भ्रम से खड़ा होकर) धर्मपूज्य! मैं वन्दना करता हूँ।

मिहिरदेव : कल्याण हो! (कोमा के सिर पर हाथ रखकर) बेटी! मैं तो तुमको ही देखने चला आया। तू उदास क्यों है

(शकराज की ओर मूक दृष्टि से देखने लगता है)

शकराज : आचार्य! रामगुप्त का दर्प दलन करने के लिए मैंने धुवस्वामिनी को उपहार में भेजने की आज्ञा उसे दी थी। आज रामगुप्त की रानी मेरे दुर्ग में आई है। कोमा को इसमें आपत्ति है।

मिहिरदेव : (गम्भीरता से) ऐसे काम में तो आपत्ति होनी ही चाहिए, राजा! स्त्री का सम्मान नष्ट करके तुम जो भयानक अपराध करोगे, उसका फल क्या अच्छा होगा? और भी, यह अपनी भावी पत्नी के प्रति तुम्हारा अत्याचार होगा।

शकराज : (क्षोभ से) भावी पत्नी?

मिहिरदेव : अरे, क्या तुम इस क्षणिक सफलता से प्रमत्त हो जाओगे? क्या तुमने अपने आचार्य की प्रतिपालिता कुमारी के साथ स्नेह का सम्बन्ध नहीं स्थापित किया है? क्या इसमें भी सन्देह है? राजा! स्त्रियों का स्नेह-विश्वास भंग कर देना, कोमल तन्तु को तोड़ने से भी सहज है; परन्तु सावधान होकर उसके परिणाम को भी सोच लो।

शकराज : मैं समझता हूँ कि आप मेरे राजनीतिक कामों में हस्तक्षेप न करें तो अच्छा हो।

मिहिरदेव : राजनीति! राजनीति ही मनुष्यों के लिए सब कुछ नहीं है। राजनीति के पीछे नीति से भी हाथ न धो बैठो, जिसका विश्व मानव के साथ व्यापक सम्बन्ध है। राजनीति की साधारण छलनाओं से सफलता प्राप्त करके क्षण-भर के लिए तुम अपने को चतुर समझने की भूल कर सकते हो, परन्तु इस भीषण संसार में एक प्रेम करने वाले हृदय को खो देना, सबसे बड़ी हानि है शकराज! दो प्यार करने वाले हृदयों के बीच में स्वर्गीय ज्योति का निवास है।

शकराज : बस, बहुत हो चुका। आपके महत्त्व की भी कोई सीमा होगी। अब आप यहाँ से नहीं जाते हैं, तो मैं ही चला जाता हूँ।

(प्रस्थान)

मिहिरदेव : चल कोमा! हम लोगों को लताओं, वृक्षों और चट्टानों से छाया और सहानुभूति मिलेगी। इस दुर्ग से बाहर चल।

कोमा : (गद्गद कण्ठ से) पिता जी! (खड़ी रहती है)

मिहिरदेव : बेटी! हृदय को सँभाल। कष्ट सहन करने के लिए प्रस्तुत हो जा। प्रतारणा में बड़ा मोह होता है। उसे छोड़ने को मन नहीं करता। कोमा! छल का बहिरंग सुन्दर होता है : विनीत और आकर्षक भी; पर दुखदायी और हृदय को बेधने के लिए इस बन्धन को तोड़ डाल।

कोमा : (सकरुण) तोड़ डालूँ पिता जी! मैंने जिसे अपने आँसुओं से सींचा, वही दुलारभरी वल्लरी, मेरे आँख बन्द कर चलने में मेरे ही पैरों से उलझ गई है। दे दूँ एक झटका - उसकी हरी-हरी पत्तियाँ कुचल जाएँ और वह छिन्न होकर धूल में लोटने लगे? न, ऐसी कठोर आज्ञा न दो।

मिहिरदेव : (निःश्वास लेकर आकाश को देखते हुए) यहाँ तेरी भलाई होती, तो मैं चलने के लिए न कहता। हम लोग अखरोट की छाया में बैठेंगे - झरनों के किनारे, दाख के कुंजों में विश्राम करेंगे। जब नीले आकाश में मेघों के टुकड़े, मानसरोवर जाने वाले हंसों का अभिनय करेंगे, तब तू अपनी तकली पर ऊन कातती हुई कहानी कहेगी और मैं सुनूँगा।

कोमा : तो चलूँ! (एक बार चारों ओर देखकर) एक घड़ी के लिए मुझे...

मिहिरदेव : (ऊबकर आकाश की ओर देखता हुआ) तू नहीं मानती। वह देख, नील लोहित रंग का धूमकेतु अविचल भाव से इस दुर्ग की ओर कैसा भयानक संकेत कर रहा है।

कोमा : (उधर देखते हुए) तब एक क्षण मुझे...

मिहिरदेव : पागल लड़की! अच्छा, मैं फिर आऊँगा। तू सोच ले, विचार कर ले (जाता है)।

कोमा : जाना ही होगा! तब यह मन की उलझन क्यों? अमंगल का अभिशाप अपनी क्रूर हँसी से इस दुर्ग को कँपा देगा, और सुख के स्वप्न विलीन हो जाएँगे। मेरे यहाँ रहने से उन्हें अपने भावों को छिपाने के लिए बनावटी व्यवहार करना होगा; पग-पग पर अपमानित होकर मेरा हृदय उसे सह न सकेगा। तो चलूँ! यही ठीक है! पिताजी! ठहरिए, मैं आती हूँ।

शकराज : (प्रवेश करके) कोमा!

कोमा : जाती हूँ, राजा!

शकराज : (भयभीत होकर उसे देखता हुआ) ओह! भयावनी पूँछ वाला धूमकेतु! आकाश का उच्छृङ्खल पर्यटक! नक्षत्र लोक का अभिशाप! कोमा! आचार्य को बुलाओ। वे जो आदेश देंगे वही मैं करूँगा। इस अमंगल की शान्ति होनी चाहिए।

कोमा : वे बहुत चिढ़ गए हैं। अब उनको प्रसन्न करना सहज नहीं है। वे मुझे अपने साथ लिवा जाने के लिए मेरी प्रतीक्षा करते होंगे।

शकराज : कोमा! पिताजी के साथ...।

कोमा : पिताजी के साथ।

शकराज : और मेरा प्यार, मेरा स्नेह, सब भुला दोगी? इस अमंगल की शान्ति करने के लिए आचार्य को न समझाओगी?

कोमा : (खिन्न होकर) प्रेम का नाम न लो। वह एक पीड़ा थी जो छूट गई। उसकी कसक भी धीरे-धीरे दूर हो जाएगी। राजा, मैं तुम्हें प्यार नहीं करती। मैं तो दर्प से दीप्त तुम्हारी महत्त्वमयी पुरुष-मूर्ति की पुजारिन थी, जिसमें पृथ्वी पर अपने पैरों से खड़े रहने की दृढ़ता थी। इस स्वार्थ-मलिन कलुष से भरी मूर्ति से मेरा परिचय नहीं। अपने तेज की अग्नि में जो सब कुछ भस्म कर सकता हो,

उसे दृढ़ता का आकाश के नक्षत्र कुछ बना-बिगाड़ नहीं सकते। तुम आशंका मात्र से दुर्बल-कम्पित और भयभीत हो।

शकराज : (धूमकेतु को बार-बार देखता हुआ) भयानक! कोमा, मुझे बचाओ!

कोमा : जाती हूँ महाराज! पिताजी मेरी प्रतीक्षा करते होंगे।

(जाती है। शकराज अपने सिंहासन पर हताश होकर बैठ जाता है।)

प्रहरी : (प्रवेश करके) महाराज! धुवस्वामिनी ने पूछा है कि एकान्त हो तो आऊँ।

शकराज : हाँ, कह दो कि यहाँ एकान्त है। और देखो, यहाँ दूसरा कोई न आने पावे।

(प्रहरी जाता है। शकराज चंचल होकर टहलने लगता है। धूमकेतु की ओर दृष्टि जाती है तो भयभीत होकर बैठ जाता है।)

शकराज : तो इसका कोई उपाय नहीं? न जाने क्यों मेरा हृदय घबरा रहा है। कोमा को समझा-बुझाकर ले आना चाहिए। (सोचकर) किन्तु इधर धुवस्वामिनी जो आ रही है! तो भी देखूँ, यदि कोमा प्रसन्न हो जाय... (जाता है)।

(स्त्री-वेश में चन्द्रगुप्त आगे और पीछे धुवस्वामिनी स्वर्ण-खचित उत्तरीय में सब अंग छिपाए हुए आती है। केवल खुले हुए मुँह पर प्रसन्न चेष्टा दिखाई देती है।)

चन्द्रगुप्त : तुम आज कितनी प्रसन्न हो!

धुवस्वामिनी : और तुम क्या नहीं?

चन्द्रगुप्त : मेरे जीवन-निशीथ का धुव-नक्षत्र इस घोर अन्धकार में अपनी स्थिर उज्ज्वलता से चमक रहा है। आज महोत्सव है न?

धुवस्वामिनी : लौट जाओ, इस तुच्छ नारी-जीवन के लिए इतने महान् उत्सर्ग की आवश्यकता नहीं।

चन्द्रगुप्त : देवि! यह तुम्हारा क्षणिक मोह है। मेरी परीक्षा न लो। मेरे शरीर ने चाहे जो रूप धारण किया हो, किन्तु हृदय निश्छल है।

धुवस्वामिनी : अपनी कामना की वस्तु न पाकर यह आत्महत्या-जैसा प्रसंग तो नहीं है।

चन्द्रगुप्त : तीखे वचनों से मर्माहत करके भी आज कोई मुझे इस मृत्यु-पक्ष से विमुख नहीं कर सकता। मैं केवल अपना कर्त्तव्य करूँ, इसी में मुझे सुख है। (धुवस्वामिनी संकेत करती है। शकराज का प्रवेश। दोनों चुप हो जाते हैं। वह दोनों को चकित होकर देखता है।)

शकराज : मैं किसको रानी समझूँ? रूप का ऐसा तीव्र आलोक!... नहीं, मैंने कभी नहीं देखा था। इसमें कौन धुवस्वामिनी है?

धुवस्वामिनी : यह मैं आ गई हूँ।

चन्द्रगुप्त : (हँसकर) शकराज को तुम धोखा नहीं दे सकती हो। धुवस्वामिनी कौन है? यह एक अन्धा भी बता सकता है।

धुवस्वामिनी : (आश्चर्य से) चन्द्रे! तुमको क्या हो गया है? यहाँ आने पर तुम्हारी इच्छा रानी बनने की हो गई है? या मुझे शकराज से बचा लेने के लिए यह तुम्हारी स्वामिभक्ति है?

(शकराज चकित होकर दोनों की ओर देखता है)

चन्द्रगुप्त : कौन जाने तुम्हीं ऐसा कर रही हो?

ध्रुवस्वामिनी : चन्द्रे! तुम मुझे दोनों ओर से नष्ट न करो। यहाँ से लौट जाने पर भी क्या मैं गुप्तकुल के अन्तःपुर में रह पाऊँगी?

चन्द्रगुप्त : चन्द्रे कहकर मुझको पुकारने से क्या तात्पर्य है? यह अच्छा झगड़ा तुमने फैलाया। इसीलिए मैंने एकान्त में मिलने की प्रार्थना की थी।

ध्रुवस्वामिनी : तो क्या मैं यहाँ भी छली जाऊँगी

शकराज : ठहरो, **(दोनों को ध्यान से देखता हुआ)** क्या चिन्ता यदि मैं दोनों को ही रानी समझ लूँ

ध्रुवस्वामिनी : ऐं...

चन्द्रगुप्त : हैं...

शकराज : क्यों, इसमें क्या बुरी बात है

चन्द्रगुप्त : जी नहीं, यह नहीं हो सकता। ध्रुवस्वामिनी कौन है, पहले इसका निर्णय होना चाहिए।

ध्रुवस्वामिनी : (क्रोध से) चन्द्रे! मेरे भाग्य के आकाश में धूमकेतु-सी अपनी गति बन्द करो।

शकराज : (धूमकेतु की ओर देखकर भयभीत-सा) ओह भयानक!

(व्यग्र भाव से टहलने लगता है।)

चन्द्रगुप्त : (शकराज की पीठ पर हाथ रखकर) सुनिए...

ध्रुवस्वामिनी : चन्द्रे!

चन्द्रगुप्त : इस धमकी से कोई लाभ नहीं।

ध्रुवस्वामिनी : तो फिर मेरा और तुम्हारा जीवन-मरण साथ ही होगा।

चन्द्रगुप्त : तो डरता कौन है? **(दोनों ही शीघ्र कटार निकाल लेते हैं)**

शकराज : (घबराकर) हैं, यह क्या तुम लोग क्या कर रहे हो? ठहरो आचार्य ने ठीक कहा है, आज शुभ मुहूर्त नहीं। मैं कल विश्वसनीय व्यक्ति को बुलाकर इसका निश्चय कर लूँगा। आज तुम लोग विश्राम करो।

ध्रुवस्वामिनी : नहीं, इसका निश्चय तो आज ही होना चाहिए।

शकराज : (बीच में खड़ा होकर) मैं कहता हूँ न।

चन्द्रगुप्त : वाह रे कहने वाले!

(ध्रुवस्वामिनी मानो चन्द्रगुप्त के आक्रमण से भयभीत होकर पीछे हटती है और तूर्यनाद करती है। शकराज आश्चर्य से उसे सुनता हुआ सहसा घूमकर चन्द्रगुप्त का हाथ पकड़ लेता है। ध्रुवस्वामिनी झटके से चन्द्रगुप्त का उत्तरीय खींच लेती है और चन्द्रगुप्त हाथ छुड़ाकर शकराज को घेर लेता है)

शकराज : (चकित-सा) ऐं, यह तुम कौन प्रवंचक?

चन्द्रगुप्त : मैं हूँ चन्द्रगुप्त, तुम्हारा काल। मैं अकेला आया हूँ, तुम्हारी वीरता की परीक्षा लेने। सावधान!

(शकराज भी कटार निकालकर युद्ध के लिए अग्रसर होता है। युद्ध और शकराज की मृत्यु। बाहर दुर्ग में कोलाहल। 'ध्रुवस्वामिनी की जय' का हल्ला मचाते हुए रक्तारक्त कलेवर सामन्त-कुमारों का प्रवेश। ध्रुवस्वामिनी और चन्द्रगुप्त को घेरकर समवेत स्वर से

'ध्रुवस्वामिनी की जय हो!')

(पटाक्षेप)

'ध्रुवस्वामिनी की जय हो!')

(पटाक्षेप)

तृतीय अंक

(शक-दुर्ग के भीतर एक प्रकोष्ठ। तीन मंचों में दो खाली और एक पर ध्रुवस्वामिनी पादपीठ के ऊपर बाएँ पैर पर दाहिना पैर रखकर अधरों से उँगली लगाए चिन्ता में निमग्न बैठी है। बाहर कुछ कोलाहल होता है।)

सैनिक : (प्रवेश करके) महादेवी की जय हो!

ध्रुवस्वामिनी : (चौंककर) क्या!

सैनिक : विजय का समाचार सुनकर राजाधिराज भी दुर्ग में आ गए हैं। अभी तो वे सैनिकों से बातें कर रहे हैं। उन्होंने पूछा है, महादेवी कहाँ हैं? आपकी जैसी आज्ञा हो, क्योंकि कुमार ने कहा है... !

ध्रुवस्वामिनी : क्या कहा है? यही न कि मुझसे पूछकर राजा यहाँ आने पावें? ठीक है, अभी मैं बहुत थकी हूँ। **(सैनिक जाने लगता है, उसे रोककर)** और सुनो तो! तुमने यह नहीं बताया कि कुमार के घाव अब कैसे हैं?

सैनिक : घाव चिन्ताजनक नहीं हैं। उन पर पट्टियाँ बँध चुकी हैं। कुमार प्रधान-मंडप में विश्राम कर रहे हैं।

ध्रुवस्वामिनी : अच्छा जाओ। **(सैनिक का प्रस्थान)**

मन्दाकिनी : (सहसा प्रवेश करके) भाभी! बधाई है। **(जैसे भूलकर गई हो)** नहीं, नहीं! महादेवी, क्षमा कीजिए।

ध्रुवस्वामिनी : मन्दा! भूल से ही तुमने आज एक प्यारी बात कह दी। उसे क्या लौटा लेना चाहती हो? आह! यदि वह सत्य होती?

(पुरोहित का प्रवेश)

मन्दाकिनी : क्या इसमें भी सन्देह है?

ध्रुवस्वामिनी : मुझे तो सन्देह का इन्द्रजाल ही दिखाई पड़ रहा है। मैं न तो महादेवी हूँ और न तुम्हारी भाभी **(पुरोहित को देखकर चुप हो जाती है)**।

पुरोहित : (आश्चर्य से इधर-उधर देखता हुआ) तब मैं क्या करूँ?

मन्दाकिनी : क्यों, आपको कुछ कहना है क्या?

पुरोहित : ऐसे उपद्रवों के बाद शान्तिकर्म होना आवश्यक है। इसीलिए मैं स्वस्त्ययन करने आया था; किन्तु आप तो कहती हैं कि मैं महादेवी ही नहीं हूँ।

ध्रुवस्वामिनी : (तीखे स्वर में) पुरोहित जी! मैं राजनीति नहीं जानती; किन्तु इतना समझती हूँ कि जो रानी शत्रु के लिए उपहार में भेज दी जाती है, वह महादेवी की उच्च पदवी से पहले ही वंचित हो गई होगी।

मन्दाकिनी : किन्तु आप तो भाभी होना भी अस्वीकार करती हैं।

ध्रुवस्वामिनी : भाभी कहने का तुम्हें रोग हो तो कह लो। क्योंकि इन्हीं पुरोहितजी ने उस दिन कुछ मन्त्रों को पढ़ा था। उस दिन के बाद मुझे कभी राजा से सरल सम्भाषण करने का अवसर ही न मिला। हाँ, न जाने मेरे किस अपराध पर सन्दिग्ध-चित्त होकर उन्होंने जब मुझे निर्वासित किया, तभी मैंने अपने स्त्री होने के अधिकार की रक्षा की भीख माँगी थी। वह भी न मिली और में बलि-पशु की तरह, अकरुण आज्ञा की डोरी में बँधी हुई शकदुर्ग में भेज दी गई। तब भी तुम मुझे भाभी कहना चाहती हो?

मन्दाकिनी : (सिर झुकाकर) यह गर्हित और ग्लानि-जनक प्रसंग है।

पुरोहित : यह मैं क्या सुन रहा हूँ? मुझे तो यह जानकर प्रसन्नता हुई थी कि वीर रमणी की तरह अपने साहस के बल पर महादेवी ने इस दुर्ग पर अपना अधिकार किया है।

ध्रुवस्वामिनी : आप झूठ बोलते हैं।

पुरोहित : (आश्चर्य से) मैं और झूठ!

ध्रुवस्वामिनी : हाँ; आप और झूठ, नहीं, स्वयं आप ही मिथ्या है।

पुरोहित : (हँसकर) क्या आप वेदान्त की बात कहती हैं? तब तो संसार मिथ्या है ही।

ध्रुवस्वामिनी : (क्रोध से) संसार मिथ्या है या नहीं, यह तो मैं नहीं जानती, परन्तु आप, आपका कर्मकाण्ड और आपके शास्त्र क्या सत्य हैं, जो सदैव रक्षणीया स्त्री की यह दुर्दशा हो रही है?

पुरोहित : (मन्दाकिनी से) बेटी! तुम्ही बताओ, यह मेरा भ्रम है या महादेवी का रोष!

ध्रुवस्वामिनी : रोष है, हाँ, में रोष से जली जा रही हूँ। इतना बड़ा उपहास - धर्म के नाम पर स्त्री-आज्ञाकारिता की यह पैशाचिक परीक्षा मुझसे बलपूर्वक ली गई है। पुरोहित! तुमने जो मेरा राक्षस-विवाह कराया है, उसका उत्सव भी कितना सुन्दर है! यह जन संहार देखो, अभी उस प्रकोष्ठ में रक्त सनी हुई शकराज की लोथ पड़ी होगी। कितने ही सैनिक दम तोड़ते होंगे, और इस रक्तधारा में तिरती हुई मैं राक्षसी-सी साँस ले रही हूँ। तुम्हारा स्वस्त्ययन मुझे शान्ति देगा?

मन्दाकिनी : आर्य! आप बोलते क्यों नहीं? आप धर्म के नियामक हैं। जिन स्त्रियों को धर्म-बन्धन में बाँधकर, उनकी सम्मति के बिना आप उनका सब अधिकार छीन लेते हैं, तब क्या धर्म के पास कोई प्रतिकार - कोई संरक्षण नहीं रख छोड़ते, जिससे वे स्त्रियाँ अपनी आपत्ति में अवलम्ब माँग सकें? क्या भविष्य के सहयोग की कोरी कल्पना से उन्हें आप सन्तुष्ट रहने की आज्ञा देकर विश्राम ले लेते हैं?

पुरोहित : नहीं, स्त्री और पुरुष का परस्पर विश्वासपूर्ण अधिकार रक्षा और सहयोग ही तो विवाह कहा जाता है। यदि ऐसा न हो तो धर्म और विवाह खेल है।

ध्रुवस्वामिनी : खेल हो या न हो, किन्तु एक क्लीव पति के द्वारा परित्यक्ता नारी का मृत्युमुख में जाना ही मंगल है। उसे स्वस्त्ययन और शान्ति की आवश्यकता नहीं।

पुरोहित : (आश्चर्य से) यह मैं क्या सुन रहा हूँ? विश्वास नहीं होता। यदि ये बातें सत्य हैं, तब तो मुझे फिर से एक बार धर्मशास्त्र को देखना पड़ेगा। **(प्रस्थान)**

(मिहिरदेव के साथ कोमा का प्रवेश)

ध्रुवस्वामिनी : तुम लोग कौन हो?

कोमा : मैं पराजित शक-जाति की एक बालिका हूँ।

ध्रुवस्वामिनी : और...

कोमा : और मैंने प्रेम किया था।

ध्रुवस्वामिनी : इस घोर अपराध का तुम्हें क्या दंड मिला?

कोमा : वही, जो स्त्रियों का प्रायः मिला करता है-निराशा! निष्पीड़न! और उपहास!! रानी, मैं तुमसे भीख माँगने आई हूँ।

ध्रुवस्वामिनी : शत्रुओं के लिए मेरे पास कुछ नहीं है। अधिक हठ करने पर दण्ड मिलना भी असम्भव नहीं।

मिहिरदेव : (दीर्घ निःश्वास लेकर) पागल लड़की, हो चुका न? अब भी तू न चलेगी?

(कोमा सिर झुका लेती है)

मन्दाकिनी : तुम चाहती क्या हो?

कोमा : रानी, तुम भी स्त्री हो। क्या स्त्री का व्यथा न समझोगी? आज तुम्हारी विजय का अन्धकार तुम्हारे शाश्वत स्त्रीत्व को ढँक ले, किन्तु सबके जीवन में एक बार प्रेम की दीपावली जलती है। जली होगी अवश्य। तुम्हारे भी जीवन में वह आलोक का महोत्सव आया होगा, जिसमें हृदय, हृदय को पहचानने का प्रयत्न करता है, उदार बनता है और सर्वस्व दान करने का उत्साह रखता है। मुझे शकराज का शव चाहिए।

ध्रुवस्वामिनी : (सोचकर) जलो, प्रेम के नाम पर जलना चाहती हो तो तुम उस शव को ले जाकर जलो, जीवित रहने पर मालूम होता है कि तुम्हें अधिक शीतलता मिल चुकी है। अवश्य तुम्हारा जीवन धन्य है। **(सैनिक से)** इसे ले जाने दो।

(कोमा का प्रस्थान)

मन्दाकिनी : स्त्रियों के इस बलिदान का भी कोई मूल्य नहीं। कितनी असहाय दशा है। अपने निर्बल और अवलम्बन खोजने वाले हाथों से यह पुरुषों के चरणों को पकड़ती हैं और वह सदैव ही इनको तिरस्कार, घृणा और दुर्दशा की भिक्षा से उपकृत करता है। तब भी यह बावली मानती है

ध्रुवस्वामिनी : भूल है - भ्रम है। **(ठहरकर)** किन्तु उसका कारण भी है। पराधीनता की एक परम्परा-सी उनकी नस-नस में - उनकी चेतना में न जाने किस युग से घुस गई है। उन्हें समझकर भी भूल करनी पड़ती है। क्या वह मेरी भूल न थी - जब मुझे निर्वासित किया गया, तब मैं अपनी आत्म-मर्यादा के लिए कितनी तड़प रही थी और राजाधिराज रामगुप्त के चरणों में रक्षा के लिए गिरी, पर कोई उपाय चला नहीं। पुरुषों की प्रभुता का जाल मुझे अपने निर्दिष्ट पथ पर ले ही आया। मन्दा! दुर्ग की विजय मेरी सफलता है या मेरा दुर्भाग्य, इसे मैं नहीं समझ सकी हूँ। राजा से मैं सामना करना नहीं चाहती। पृथ्वीतल से जैसे एक साकार घृणा निकलकर मुझे अपने पीछे लौट चलने का संकेत कर रही है। क्यों, क्या यह मेरे मन का कलुष है? क्या मैं मानसिक पाप कर रही हूँ?

(उन्मत्त भाव से प्रस्थान)

मन्दाकिनी : नारी हृदय, जिसके मध्य-विन्द से हटकर, शास्त्र का एक मन्त्र, कील की तरह गड़ गया है और उसे अपने सरल प्रवर्तन-चक्र में घूमने से रोक रहा है, निश्चय ही वह कुमार चन्द्रगुप्त की अनुरागिनी है।

चन्द्रगुप्त : (सहसा प्रवेश करके) कौन? मन्दा!

मन्दाकिनी : अरे कुमार! अभी थोड़ा विश्राम करते।

चन्द्रगुप्त : (बैठते हुए) विश्राम! मुझे कहाँ विश्राम? मैं अभी यहाँ से प्रस्थान करने वाला हूँ। मेरा कर्तव्य पूर्ण हो चुका। अब यहाँ मेरा ठहरना अच्छा नहीं।

मन्दाकिनी : किन्तु भाभी की जो बुरी दशा है।

चन्द्रगुप्त : क्यों, उन्हें क्या हुआ? **(मन्दाकिनी चुप रहती है)** बोलो, मुझे अवकाश नहीं! राजाधिराज का सामना होते ही क्या हो जाएगा - मैं नहीं कह सकता। क्योंकि अब यह राजनीतिक छल-प्रपंच मैं नहीं सह सकता।

मन्दाकिनी : किन्तु उन्हें इस असहाय अवस्था में छोड़कर आपका जाना क्या उचित होगा और... **(चुप रह जाती है)**

चन्द्रगुप्त : और क्या... वह क्यों नहीं कहती हो?

मन्दाकिनी : तो क्या उसे भी कहना होगा? महादेवी बनने के पहले ध्रुवस्वामिनी का जो मनोभाव था, वह क्या आपसे छिपा है?

चन्द्रगुप्त : किन्तु मन्दाकिनी! उसकी चर्चा करने से क्या लाभ?

मन्दाकिनी : हृदय में नैतिक साहस - वास्तविक प्रेरणा और पौरुष की पुकार एकत्र करके सोचिए तो कुमार, कि अब आपको क्या करना चाहिए **(चन्द्रगुप्त चिन्तित भाव से टहलने लगता है। नेपथ्य में कुछ लोगों के आने-जाने का शब्द और कोलाहल)** देखूँ तो यह क्या है और महादेवी कहाँ गयीं? **(प्रस्थान)**

चन्द्रगुप्त : विधान की स्याही का एक बिन्द गिरकर भाग्य-लिपि पर कालिमा चढ़ा देता है। मैं आज यह स्वीकार करने से भी संकुचित हो रहा हूँ कि ध्रुवस्वामिनी मेरी है। **(ठहरकर)** हाँ, वह मेरी है, उसे मैंने आरम्भ से ही अपनी सम्पूर्ण भावना से प्यार किया है। मेरे हृदय के गहन अन्तस्थल से निकली हुई यह मूक स्वीकृति आज बोल रही है। मैं पुरुष हूँ? नहीं, मैं अपनी आँखों से अपना वैभव और अधिकार दूसरों को अन्याय से छीनते देख रहा हूँ और मेरी वाग्दत्ता पत्नी मेरे ही अनुत्साह से आज मेरी नहीं रही। नहीं, यह शील का कपट, मोह और प्रवंचना है। मैं जो हूँ, वही तो नहीं स्पष्ट रूप से प्रकट कर सका। यह कैसी विडम्बना है! विनय के आवरण में मेरी कायरता अपने को कब तक छिपा सकेगी?

(एक ओर से मन्दाकिनी का प्रवेश)

मन्दाकिनी : शकराज का शव लेकर जाते हुए आचार्य और उसकी कन्या का राजाधिकार के साथी सैनिकों ने वध कर डाला!

ध्रुवस्वामिनी : (दूसरी ओर से प्रवेश करके) ऐं!

(सामन्त-कुमारों का प्रवेश)

सामन्त कुमार : (सब एक साथ ही) स्वामिनी! आपकी आज्ञा के विरुद्ध राजाधिकार ने निरीह शकों का संहार करवा दिया है।

ध्रुवस्वामिनी : फिर आप लोग इतने चंचल क्यों हैं? राजा को आज्ञा देनी चाहिए और प्रजा को नत-मस्तक होकर उसे मानना होगा।

सामन्त कुमार : किन्तु अब वह असह्य है। राजसत्ता के अस्तित्व की घोषणा के लिए इतना भयंकर प्रदर्शन! मैं तो कहूँगा, इस दुर्ग में, आपकी आज्ञा के बिना राजा का आना अन्याय है।

ध्रुवस्वामिनी : मेरे वीर सहायको! मैं तो स्वयं एक परित्यक्ता और हतभागिनी स्त्री हूँ। मुझे तो अपनी स्थिति की कल्पना से भी क्षोभ हो रहा है। मैं क्या कहूँ?

सामन्त-कुमार : मैं सच कहता हूँ, रामगुप्त जैसे राजपद को कलुषित करने वाले के लिए मेरे हृदय में तनिक भी श्रद्धा नहीं। विजय का उत्साह दिखाने यहाँ वे किस मुँह से आएे, जो हिंसक,

पाखण्डी, क्षीव और क्लीव हैं।

रामगुप्त : (सहसा शिखरस्वामी के साथ प्रवेश करके) क्या कहा? फिर से तो कहना!

सामन्त कुमार : गुप्त-काल के गौरव का कलंक-कालिमा के सागर में निमज्जित करने वाले...!

शिखरस्वामी : (उसे बीच में ही रोककर) चुप रहो! क्या तुम लोग किसी के बहकाने से आवेश में आ गए हो? **(चन्द्रगुप्त की ओर देखकर)** कुमार! यह क्या हो रहा है?

(चन्द्रगुप्त उत्तर देने की चेष्टा करके चुप रह जाता है।)

रामगुप्त : दुर्विनीत, पाखण्डी, पामरो! तुम्हें इस धृष्टता का क्रूर दण्ड भोगना पड़ेगा। **(नेपथ्य की ओर देखकर)** इन विद्रोहियों को वंदी करो।

(रामगुप्त के सैनिक आकर सामान्त-कुमारों को बन्दी बनाते हैं। रामगुप्त का संकेत पाकर सैनिक लोग चन्द्रगुप्त की ओर भी बढ़ते हैं और चन्द्रगुप्त शृंखला में बँध जाता है।)

ध्रुवस्वामिनी : कुमार! मैं कहती हूँ कि तुम प्रतिवाद करो। किस अपराध के लिए यह दण्ड ग्रहण कर रहे हो?

(चन्द्रगुप्त एक दीर्घ निःश्वास लेकर चुप रह जाता है)

रामगुप्त : (हँसकर) कुचक्र करने वाले क्या बोलेंगे?

ध्रुवस्वामिनी : और जो लोग बोल सकते हैं; जो अपनी पवित्रता की दुन्दभी बजाते हैं, वे सब-के-सब साधु होते हैं न? **(चन्द्रगुप्त से)** कुमार! तुम्हारी जिह्वा पर कोई बन्धन नहीं। कहते क्यों नहीं कि मेरा यही अपराध है कि मैंने कोई अपराध नहीं किया?

रामगुप्त : महादेवी!

ध्रुवस्वामिनी : (उसे न सुनते हुए चन्द्रगुप्त से) झटक दो इन लौह-शृंखलाओं को! यह मिथ्या ढोंग कोई नहीं सहेगा। तुम्हारा क्रुद्ध दुर्दैव भी नहीं।

रामगुप्त : (डाँटकर) महादेवी! चुप रहो!

ध्रुवस्वामिनी : (तेजस्विता से) कौन महादेवी! राजा, क्या अब भी मैं महादेवी ही हूँ? जो शकराज की शय्या के लिए क्रीतदासी की तरह भेजी गई हो, वह भी महादेवी! आश्चर्य!

शिखरस्वामी : देवि, इस राजनीतिक चातुरी में जो सफलता...

ध्रुवस्वामिनी : (पैर पटककर) चुप रहो प्रवंचना के पुतले! स्वार्थ से घृणित प्रपंच! चुप रहो।

रामगुप्त : तो तुम महादेवी नहीं हो न?

ध्रुवस्वामिनी : नहीं! मनुष्य की दी हुई मैं उपाधि लौटा देती हूँ।

रामगुप्त : और मेरी सहधर्मिणी?

ध्रुवस्वामिनी : धर्म ही इसका निर्णय करेगा।

रामगुप्त : ऐं, क्या इसमें भी सन्देह!

ध्रुवस्वामिनी : उसे अपने हृदय से पूछिए कि क्या मैं वास्तव में सहधर्मिणी हूँ?

(पुरोहित का प्रवेश। सामने सबको देखकर चौंक उठता है। शिखरस्वामी चले जाने का सङ्केत करता है।)

पुरोहित : नहीं, मैं नहीं जाऊँगा। प्राणि-मात्र के अन्तस्थल में जाग्रत रहने वाले महान् विचारक धर्म की आज्ञा मैं न टाल सकूँगा। अभी जो प्रश्न अपनी गम्भीरता में भीषण होकर आप लोगों को

विचलित कर रहा है, मैं ही उसका उत्तर देने का अधिकारी हूँ। विवाह का धर्मशास्त्र से घनिष्ठ सम्बन्ध है।

ध्रुवस्वामिनी : आप सत्यवादी ब्राह्मण हैं। कृपा करके बतलाइए...

शिखरस्वामी : (विनय से उसे रोककर) मैं समझता हूँ कि यह विवाद अधिक बढ़ाने से कोई लाभ नहीं!

ध्रुवस्वामिनी : नहीं, मेरी इच्छा इस विवाद का अन्त करने की है। आज यह निर्णय हो जाना चाहिए कि मैं कौन हूँ?

रामगुप्त : ध्रुवस्वामिनी, निर्लज्जता की भी एक सीमा होती है।

ध्रुवस्वामिनी : मेरी निर्लज्जता का दायित्व क्लीव कापुरुष पर है। स्त्री की लज्जा लूटने वाले उस दस्यु के लिए मैं...।

रामगुप्त : (रोककर) चुप रहो! तुम्हारा पर-पुरुष में अनुरक्त हृदय अत्यन्त कलुषित हो गया है। तुम काल-सर्पिणी-सी स्त्री! ओह, तुम्हें धर्म का तनिक भी भय नहीं! शिखर! इस भी वंदी करो।

पुरोहित : ठहरिए! महाराज ठहरिए!! धर्म की ही बात मैं सोच रहा था।

शिखरस्वामी : (क्रोध से) मैं कहता हूँ कि तुम चुप न रहोगे तो तुम्हारी भी यही दशा होगी।

(सैनिक आगे बढ़ता है)

मन्दाकिनी : (उसे रोककर) महाराज, पुरुषार्थ का इतना बड़ा प्रहसन! अबला पर ऐसा अत्याचार!! यह गुप्त-सम्राट् के लिए शोभा नहीं देता।

रामगुप्त : (सैनिकों से) क्या देखते हो जी!

(सैनिक आगे बढ़ता है और चन्द्रगुप्त आवेश में आकर लौह-श्रृंखला तोड़ डालता है। सब आश्चर्य और भय से देखते हैं।)

चन्द्रगुप्त : मैं भी आर्य समुद्रगुप्त का पुत्र हूँ। और शिखरस्वामी, तुम यह अच्छी तरह जानते हो कि मैं ही उनके द्वारा निर्वाचित युवराज भी हूँ। तुम्हारी नीचता अब असह्य है। तुम अपने राजा को लेकर इस दुर्ग से सकुशल बाहर चले जाओ। यहाँ अब मैं ही शकराज के समस्त अधिकारों का स्वामी हूँ।

रामगुप्त : (भयभीत होकर चारों ओर देखता हुआ) क्या?

ध्रुवस्वामिनी : (चन्द्रगुप्त से) यही तो कुमार!

चन्द्रगुप्त : (सैनिक से डपटकर) इन सामन्त-कुमारों को मुक्त करो।

(सैनिक वैसा ही करते हैं और शिखरस्वामी के संकेत से रामगुप्त धीरे-धीरे भय से पीछे हटता हुआ बाहर चला जाता है।)

शिखरस्वामी : कुमार! इस कलह को मिटाने के लिए हम लोगों को परिषद् का निर्णय माननीय होना चाहिए। मुझे आपके आधिपत्य से कोई विरोध नहीं है, किन्तु सब काम विधान के अनुकुल होना चाहिए। मैं कुल-वृद्धों को और सामन्तों को, जो यहाँ उपस्थित हैं, लिवा लाने जाता हूँ।

(सैनिक लोग और भी मंच ले आते हैं और सामन्त-कुमार अपने खंगों को खींचकर चन्द्रगुप्त के पीछे खड़े हो जाते हैं। ध्रुवस्वामिनी और चन्द्रगुप्त परस्पर एक-दूसरे को देखते हुए खड़े रहते हैं। परिषद् के साथ रामगुप्त का प्रवेश। सब लोग मंच पर बैठते हैं।)

पुरोहित : कुमार! आसन ग्रहण कीजिए।

चन्द्रगुप्त : मैं अभियुक्त हूँ।

शिखरस्वामी : बीती हुई बातों को भूल जाने में ही भलाई है। भाई-भाई की तरह गले से लगकर गुप्त कुल का गौरव बढ़ाइए।

चन्द्रगुप्त : अमात्य, तुम गौरव किसको कहते हो? वह है कहीं रोग-जर्जर शरीर अलंकारों की सजावट, मलिनता और कलुष की ढेरी पर बाहरी कुमकुम-केसर का लेप गौरव नहीं बढ़ता। कुटिलता की प्रतिमूर्ति, बोलो! मेरी वाग्दत्ता पत्नी और पिता द्वारा दिए हुए मेरे सिंहासन का अपहरण किसके संकेत से हुआ और छल से...।

रामगुप्त : यह उन्मत्त प्रलाप बन्द करो। चन्द्रगुप्त, तुम मेरे भाई ही हो न! मैं तुमको क्षमा करता हूँ।

चन्द्रगुप्त : मैं उसे माँगता नहीं और क्षमा देने का अधिकार भी तुम्हारा नहीं रहा। आज तुम राजा नहीं हो। तुम्हारे पाप प्रायश्चित की पुकार कर रहे हैं। न्यायपूर्ण निर्णय के लिए प्रतीक्षा करो और अभियुक्त बनकर अपने अपराधों को सुनो।

मन्दाकिनी : (ध्रुवस्वामिनी को आगे खींचकर) यह है गुप्तकुल की वधू।

रामगुप्त : मन्दा।

मन्दाकिनी : राजा का भय मंदा का गला नहीं घोंट सकता। तुम लोगों को यदि कुछ भी बुद्धि होती, तो इस अपनी कुल-मर्यादा, नारी को शत्रु के दुर्ग में यों न भेजते। भगवान् ने स्त्रियों को उत्पन्न करके ही अधिकारों से वंचित नहीं किया है। किन्तु तुम लोगों की दस्युवृत्ति ने उन्हें लूटा है। इस परिषद् से मेरी प्रार्थना है कि आर्य समुद्रगुप्त का विधान तोड़कर जिन लोगों ने राजकिल्विष किया हो उन्हें दण्ड मिलना चाहिए।

शिखरस्वामी : तुम क्या कह रही हो?

मन्दाकिनी : मैं तुम लोगों की नीचता की गाथा सुन रही हूँ। अनार्य! सुन नहीं सकते? तुम्हारी प्रवंचनाओं ने जिस नरक की सृष्टि की है उनका अन्त समीप है। यह साम्राज्य किसका है? आर्य समुद्रगुप्त ने किसे युवराज बनाया था? चन्द्रगुप्त को या इस क्लीव रामगुप्त को जिसने छल और बल से विवाह करके भी इस नारी को अन्य पुरुष की अनुरागिनी बताकर दण्ड देने के लिए आज्ञा दी है। वही रामगुप्त, जिसने कापुरुषों की तरह इस स्त्री को शत्रु के दुर्ग में बिना विरोध किये भेज दिया था, तुम्हारे गुप्त-साम्राज्य का सम्राट् है। और यह ध्रुवस्वामिनी! जिसे कुछ दिनों तक तुम लोगों ने महादेवी कहकर सम्बोधित किया है, वह क्या है? कौन है? और उसका कैसा अस्तित्व है? कहीं धर्मशास्त्र हो तो उसका मुँह खुलना चाहिए।

पुरोहित : शिखर, मुझे अब भी बोलने दोगे या नहीं? मैं राज्य के सम्बन्ध में कुछ नहीं कहना चाहता। वह तुम्हारी राजनीति जाने। किन्तु इस विवाह के सम्बन्ध में तो मुझे कुछ कहना ही चाहिए।

एक वृद्ध : कहिए देव, आप ही तो धर्मशास्त्र के मुख हैं।

पुरोहित : विवाह की विधि ने देवी ध्रुवस्वामिनी और रामगुप्त को एक भ्रान्तिपूर्ण बन्धन में बाँध दिया है। धर्म का उद्देश्य इस तरह पद दलित नहीं किया जा सकता। माता और पिता के प्रमाण के कारण से धर्म-विवाह केवल परस्पर द्वेष से टूट नहीं सकते; परन्तु यह सम्बन्ध उस प्रमाणों से भी विहीन है। और भी **(रामगुप्त को देखकर)** यह रामगुप्त मृत और प्रव्रजित तो नहीं, पर गौरव से नष्ट, आचरण से पतित और कर्मों से राजकिल्विषी क्लीव है। ऐसी अवस्था में रामगुप्त का ध्रुवस्वामिनी पर कोई अधिकार नहीं।

रामगुप्त : (खड़ा होकर क्रोध से) मूर्ख! तुमको मृत्यु का भय नहीं!

पुरोहित : तनिक भी नहीं। ब्राह्मण केवल धर्म से भयभीत है। अन्य किसी भी शक्ति को वह तुच्छ समझता है। तुम्हारे बधिक मुझे धार्मिक सत्य कहने से रोक नहीं सकते। उन्हें बुलाओ, मैं प्रस्तुत हूँ।

मन्दाकिनी : धन्य हो ब्रह्मदेव!

शिखरस्वामी : किन्तु निर्भीक पुरोहित, तुम क्लीव शब्द का प्रयोग कर रहे हो!

पुरोहित : (हँसकर) राजनीतिक दस्यु! तुम शास्त्रार्थ न करो। क्लीव! श्रीकृष्ण ने अर्जुन को क्लीव किसलिए कहा? जिसे अपनी स्त्री को दूसरे की अंगगामिनी बनने के लिए भेजने में कुछ संकोच नहीं वह क्लीव नहीं तो और क्या है? मैं स्पष्ट कहता हूँ कि धर्मशास्त्र रामगुप्त से ध्रुवस्वामिनी के मोक्ष की आज्ञा देता है।

परिषद् के सब लोग : अनार्य, पतित और क्लीव रामगुप्त, गुप्त-साम्राज्य के पवित्र राज्य-सिंहासन पर बैठने का अधिकारी नहीं।

रामगुप्त : (सशंक और भयभीत-सा इधर-उधर देखकर) तुम सब पाखण्डी हो, विद्रोही हो। मैं अपने न्यायपूर्ण अधिकार को तुम्हारे-जैसे कुत्तों को भौंकने पर न छोड़ दूँगा।

शिखरस्वामी : किन्तु परिषद् का विचार तो मानना ही होगा।

रामगुप्त : (रोने के स्वर में) शिखर! तुम भी ऐसे कहते हो? नहीं, मैं यह न मानूँगा।

ध्रुवस्वामिनी : राम! तुम अभी इस दुर्ग के बाहर जाओ।

रामगुप्त : ऐं? यह परिवर्तन? तो मैं सचमुच क्लीव हूँ क्या?

(धीरे-धीरे हटता हुआ चन्द्रगुप्त के पीछे पहुँचकर उसे कटार निकालकर मारना चाहता है। चन्द्रगुप्त को विपित्र देखकर कुछ लोग चिल्ला उठते हैं। जब तक चन्द्रगुप्त घूमता है तब तक एक सामन्त-कुमार रामगुप्त पर प्रवाह करके चन्द्रगुप्त की रक्षा कर लेता है। रामगुप्त गिर पड़ता है।)

सामन्त-कुमार : राजाधिराज चन्द्रगुप्त की जय!

परिषद् : महादेवी ध्रुवस्वामिनी की जय!

(यवनिका)

Lector House believes that a society develops through a two-fold approach of continuous learning and adaptation, which is derived from the study of classic literary works spread across the historic timeline of literature records. Therefore, we aim at reviving, repairing and redeveloping all those inaccessible or damaged but historically as well as culturally important literature across subjects so that the future generations may have an opportunity to study and learn from past works to embark upon a journey of creating a better future.

This book is a result of an effort made by Lector House towards making a contribution to the preservation and repair of original ancient works which might hold historical significance to the approach of continuous learning across subjects.

HAPPY READING & LEARNING!

LECTOR HOUSE LLP
E-MAIL: lectorpublishing@gmail.com

www.ingramcontent.com/pod-product-compliance
Lightning Source LLC
Chambersburg PA
CBHW020741160726
47993CB00006B/2554